AUSGESORGT

Britta Sembach, Ulrike Sosalla

Stiftung Warentest

101

Einfach anlegen: Das bequeme Investment

Sie wollen Ihre Geldanlage gemütlich haben? Mit unserem Pantoffel-Portfolio wird Ihre Geldanlage übersichtlich und bequem. So gelingt Ihr Börseneinstieg!

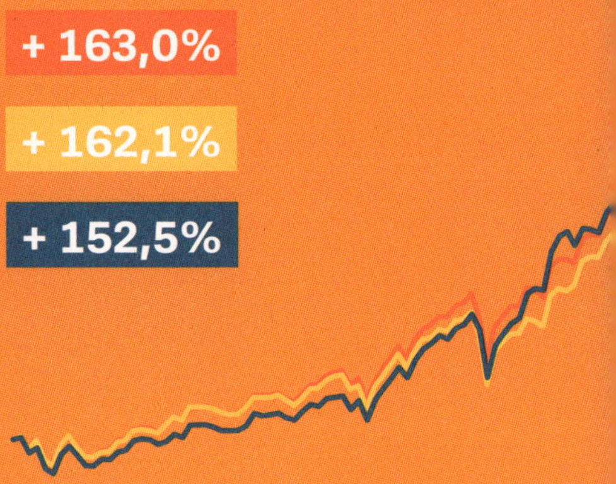

Schluss mit alten Denkmustern

Alte Glaubenssätze und falsche Mythen prägen unser Verhältnis zu Geld stärker, als uns manchmal lieb ist. Sorgen Sie für ein positives Money Mindset!

Berufliche Ziele verfolgen, aber welche?

65

Frauen priorisieren bei der Berufswahl – anders als Männer – häufiger persönliche Interessen statt Gehalt. Verfolgen Sie beides und verhandeln Sie geschickt!

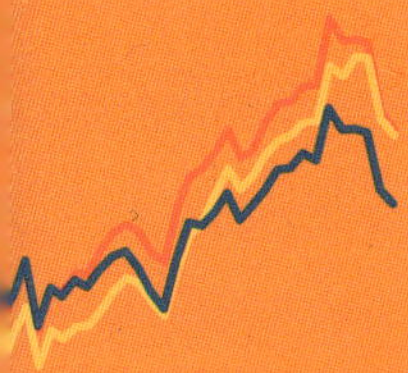

10

Inhalt

01

Einfach machen: Selbstbewusst zu finanzieller Unabhängigkeit

Mit guter Planung mehr Sicherheit

Sie kennen das Gefühl, genug Geld zu haben, und fürchten im Alter keine Engpässe? Gratulation! Wenn nicht: Fangen Sie an, sich mit Ihren Finanzen zu beschäftigen. Es ist einfacher, als Sie denken.

Beginnen wir einmal beim Grundsätzlichen: Frauenleben sind anders. Trotz aller Fortschritte in Sachen Gleichberechtigung stoßen wir immer noch auf strukturelle Hindernisse. Selbst im gleichen Job verdienen wir nach wie vor häufig weniger als unsere männlichen Kollegen, Stichwort Gender Pay Gap. In den meisten Fällen leisten wir mehr Familienarbeit als unsere männlichen Partner. Wenn das selbst gewählt ist, ist das wunderbar. Es bringt uns jedoch häufig finanziell ins Hintertreffen. Das muss nicht sein. Wenn Sie sich intensiv und selbstbewusst mit Ihren Finanzen befassen, können Sie viel erreichen. Packen Sie es an! Erleben Sie dabei, dass das sogar Spaß machen kann und Ihnen Selbstbewusstsein sowie Sicherheit gibt. Vom guten Gefühl beim Blick auf das Portfolio, der Freude an den Zinszahlungen und Dividenden sowie dem fetten Plus auf dem Konto ganz zu schweigen. Das alles geht nicht von heute auf morgen. Notwendig sind dafür eine Strategie, ein Plan, ein bisschen Hintergrundwissen und der Mut, Entscheidungen zu treffen. Wer aber könnte dies besser erreichen als Frauen? Frauen müssen sich ständig neu erfinden, sei es, wenn sie Mutter werden, Verantwortung für andere übernehmen und ihr Leben zwischen Job und Angehörigen ausbalancieren müssen. Sie halten ohnehin ständig mehrere Bälle in der Luft. Wenn Sie für Ihre finanzielle Sicherheit gesorgt haben, wird vieles davon einfacher.

Warum überhaupt erscheint das Thema Geld für Frauen manchmal so schwierig? Warum meinen viele, Finanzplanung sei ein fest verschlossenes Buch mit sieben Siegeln? Nun: Das ist ganz und gar nicht ihre Schuld. Frauen wurden vom Thema Geld jahrhundertelang ausgeschlossen, ihnen wurde systematisch die Kompetenz dafür abgesprochen. Dabei sagte schon der kluge Stendhal: „Überlass einmal deiner Frau die Geschäfte mit den Verwaltern von zweien deiner Landgüter: Ich wette, deine Bücher werden genauer geführt werden als von dir selbst." Geschrieben rund ums Jahr 1822 und in dem Kontext, dass der Verstand der Frauen ihnen nichts nütze, weil sie in Familienangelegenheiten nichts zu sagen hätten. Gut, das war das 19. Jahrhundert und ist nur ein Beispiel für die Rolle der Frau damals. Zugleich wirken solche historischen Altlasten nach, leider manchmal bis in die Gegenwart.

Heute wissen wir, dass Frauen hervorragend wirtschaften können. Dazu existieren zahlreiche Studien. So vertrauen etwa Projekte, die in sich entwickelnden Ländern Mikrokredite vergeben, den Frauen das Geld an und nicht deren Partnern – weil Frauen in der Regel geschickter investieren und obendrein noch solide Gewinne erwirtschaften.

All das sollten Sie bedenken, wenn Sie sich mit Ihren Finanzen beschäftigen. Frauen sind klug und umsichtig, sie informieren sich in der Regel akribisch und hören auf guten Rat von Expertinnen. Also: Haben Sie keine Angst vor dem Aufwand, der zugegebenermaßen nötig ist. Sie werden sich durch Angebote und Tabellen wühlen, Anbieter vergleichen und einige Entscheidungen treffen müssen. Sie müssen zudem einen langen Atem haben und Krisen überstehen. Und Sie müssen vor allem eins: Verantwortung für Ihre Finanzen übernehmen, sie managen, im Auge behalten und manchmal neu justieren. All das kostet Zeit und ein paar Nerven. Aber es ist kein Zauberwerk und die Mühe wert. In diesem Ratgeber finden Sie alles, was Sie für eine selbstständige und eigenverantwortliche Finanzplanung benötigen. Gehen Sie die Herausforderung freudig und selbstbestimmt an. Denn nichts macht eine Frau gelassener und freier, als wenn sie sich um diese kleine und doch zugleich so große Nebensache des Lebens – Geld – keine Sorgen mehr machen muss.

Finanziell abgesichert

Warum sollten Sie sich intensiv mit Ihren Finanzen beschäftigen? In erster Linie: weil es einen erheblichen Teil der Lebenszufriedenheit ausmacht, wenn man keine Geldsorgen hat. Aber auch: weil es außer Ihnen niemand anderes tut. Weil Sie sich nur auf sich selbst verlassen können. Weil das Leben manchmal ungewöhnliche und überraschende Wege geht – und Sie, wenn Sie finanziell abgesichert sind, besser damit umgehen können. Weil es umso leichter ist, je früher man damit anfängt. Weil es eine Weile dauert, bis Sie die Früchte ernten können. Je länger Ihr Anlagehorizont ist, desto entspannter können Sie Ihren Rücklagen beim Wachsen zusehen. Finanzplanung ist wichtig, weil Sie sich damit Träume erfüllen können, die auf den ersten Blick vielleicht unerfüllbar scheinen. Weil Sie anderen Gutes tun können, wenn es Ihnen gut geht. Weil Sie Menschen, die Ihnen nahestehen, verwöhnen und ihnen gegenüber großzügig sein können. Und weil Sie jeden Abend beruhigt zu Bett gehen können, wenn Sie sich um Ihre finanzielle Situation im Alter keine Sorgen machen müssen.

Allerdings gibt es ein paar hartnäckige Gegenspieler, mit denen Sie sich auseinandersetzen müssen: vielleicht ein begrenztes Gehalt, hohe Miet- und Lebenshaltungskosten und natürlich die Inflation. An manchen können Sie etwas ändern – an anderen nicht. Sie können etwa der Preissteigerung ein Schnippchen schlagen, indem Sie mit Ihrer Anlagestrategie eine gute Rendite erwirtschaften. Wenn Sie Ihre laufenden Kosten im Blick haben, können Sie beruhigter sein – und sich von dem, was übrig bleibt, guten Gewissens etwas gönnen. Denn:

DER MARKT IST FÜR SIE DA, wenn Sie ihn klug für sich nutzen. Letztlich müssen Sie „nur" eine Strategie dafür entwickeln, auf welche Art und Weise Sie welche Ziele erreichen wollen (siehe S. 16). Wer bewusst finanzielle Ziele entwickelt und überlegt, was wie investiert werden soll, um diese Ziele zu erreichen, ist gut vorbereitet auf alles, was das Leben noch so bringen kann.

Leider gehören dazu auch Dinge wie Krankheit oder der Verlust des Arbeitsplatzes. Aber warum muss es denn unbedingt ein Plan sein? Nun, Geld anlegen ohne Struktur ist ein bisschen wie Wandern ohne Karte: Sie finden sicher viel Schönes am Wegesrand, aber ob Sie dort ankommen, wo Sie hinwollen, ist fraglich. So wie eine Wanderkarte für Klarheit und Sicherheit sorgt, ist ein Finanzplan ein guter Wegweiser.

Muss guter Rat teuer sein?

Sie werden es schon bemerkt haben: Die Internetangebote zu Finanzcoachings für Frauen sind in den letzten Jahren immer mehr geworden. Spätestens seit der Pandemie, in der wir viel Zeit vor Bildschirmen und in Onlinemeetings und -kursen verbracht haben, boomt der Markt. Aber sind die Angebote seriös und zielführend? Sind sie vor allem das Geld wert, das Sie dafür ausgeben müssen? Das Buch einer Person, die in den sozialen Medien über Finanzen spricht, neudeutsch Finfluencer genannt, reißt kein großes Loch in die Haushaltskasse. Problematisch wird es, wenn für einen Kurs mehrere Hundert bis zu mehrere Tausend Euro verlangt werden – und Sie hinterher zwar hoch motiviert und ein bisschen selbstbewusster sind, aber immer noch keine konkreten Tipps für den Erwerb eines bestimmten ETF haben oder Ihre Versicherungen und Anlageprodukte nicht individuell überprüft wurden.

ETF BEDEUTET EXCHANGE TRADED FUND, also ein Fonds, der an der Börse gehandelt wird. Ein ETF ist eine Sammlung von einzelnen Wertpapieren, die einen bestimmten Wertpapierindex nachbildet. Das bedeutet, dass Sie mit einem einzigen ETF-Wertpapier in ganze Märkte investieren. ETF werden nicht aktiv gemanagt, was die Kosten enorm reduziert. Sie sind gut geeignet für Menschen, die ohne viel Aufwand von den Renditechancen der Aktienmärkte profitieren und breit investieren wollen.

Finfluencerinnen sind so überzeugend, weil sie Finanzwissen mit unterhaltsamen Inhalten kombinieren und die sozialen Medien souverän bespielen. Durch die persönliche Ansprache vertrauen ihnen ihre Followerinnen – oft mehr als traditionellen Finanzberatern. Was also ist dran an den Versprechen der Workshops, die sich vor allem an Frauen richten? Die Verbraucherzentralen und die Bundesanstalt für Finanzdienstleistungsaufsicht (BaFin) sehen das Geschäftsmodell zum Teil kritisch. Es handele sich in den meisten Fällen eher um Life- und Motivationscoachings und nicht um fundierte Wissensvermittlung, was die konkrete Geldanlage angehe. Inhaltlich stünden in der Regel mehr das Mindset, also die Einstellung, im Mittelpunkt und nicht konkrete Anlageempfehlungen. Die dürfen die Onlinecoaches oft auch gar nicht geben, denn dabei handelt es sich um ein sogenanntes „erlaubnispflichtiges Geschäft". Das heißt, wenn Aktien, Fondsanteile oder Kryptowerte empfohlen werden, brauchen die Coaches je nach Geschäftsmodell eine Genehmigung der BaFin oder der zuständigen Gewerbeaufsicht. Das gilt insbesondere dann, wenn für eine konkrete Empfehlung die persönlichen Umstände der jeweiligen Person geprüft werden. Viele Coachings seien also mehr Ermunterung und Bestärkung für Frauen, ihre Finanzen in die eigenen Hände zu nehmen.

Die BaFin hat dazu eine Beispielrechnung aufgemacht: Wenn ein Coaching 2700 Euro kostet, müssten Sie 10000 Euro in ein Anlageprodukt mit einer Rendite von ca. 5 Prozent im Jahr anlegen, um das Honorar nach fünf Jahren wieder erwirtschaftet zu haben. Umgekehrt gilt: Legen Sie die 2700 Euro zu denselben Konditionen an, hätten Sie nach fünf

Jahren 730 Euro mehr auf dem Konto. Es spricht nichts dagegen, sich in den sozialen Medien über Finanzen zu informieren. Im Gegenteil: Das ist ein guter Anfang. Allerdings auch nicht mehr. Die Videoclips sind ansprechend präsentiert, die Ansprache der Finfluencerinnen ist lebendig und oft speziell auf Frauen zugeschnitten. Das Thema Geldanlage ist präsent und es wird endlich offen über Geld gesprochen. In Deutschland ist das noch immer eine Seltenheit. Allerdings gibt es ein paar Alarmsignale, bei denen Sie hellhörig werden sollten:

Utopisch. Es werden unrealistische Rendite-Versprechungen gemacht, etwa in der Art „Werden Sie reich mit dieser Aktie" oder Ähnliches. Wer seriös ist, weist darauf hin, dass eine hohe Rendite immer mit einem hohen Risiko verbunden ist.

Beeinflusst. Achten Sie darauf, ob die Person Werbung für bestimmte Finanzprodukte macht. Dahinter können Provisionen der Anbieter stehen, die diese an die Coaches auszahlen. Eine unabhängige Empfehlung für das Produkt ist das dann nicht.

Risikoreich. Werden konkret einzelne Aktien oder Kryptowährungen angepriesen, ist Vorsicht geboten. Beides kann für Anlegerinnen riskant und teuer sein. Nur eine breite Streuung schützt nach Berechnungen der Stiftung Warentest langfristig vor hohen Verlusten.

Ungeeignet. Ist die Finfluencerin ausreichend qualifiziert? Der Begriff ist nicht geschützt und reguliert. Achten Sie also darauf, wer Sie berät. Hohe Followerzahlen sind kein Garant für Seriosität. Sie weisen nur darauf hin, dass hier jemand sein Geschäft versteht, Menschen zu begeistern.

Eigennützig. Auch wer intensiv Werbung für teure Webinare, Coachings oder exklusive Inhalte macht, sollte mit Vorsicht betrachtet werden. Vielleicht steht hier mehr das Einkommen der Finfluencerin im Vordergrund – und nicht die beste Anlage für Ihre persönliche Situation?

Weitere Informationen zu Chancen und Risiken von Onlinecoachings finden Sie auf der Website der BaFin und bei den Verbraucherzentralen.

Schluss mit alten Denkmustern

Alte Glaubenssätze und falsche Mythen prägen unser Verhältnis zu Geld stärker, als uns manchmal lieb ist. Fragen Sie sich genau, wie Sie über Geld denken, und werfen Sie Überflüssiges über Bord.

Wie wir über Geld denken, ist eine komplexe Angelegenheit. Die Anlagen dafür entstehen schon früh durch Prägungen im Elternhaus sowie durch andere äußere Einflüsse und Erfahrungen. Im Gehirn verankert sich dann unser „Money Mindset". Je nachdem, ob es positiv oder negativ ist, beeinflusst es finanzielle Entscheidungen. Wer eine positive Einstellung zum Thema Finanzen hat, verfügt quasi über seine eigene Gelddruckmaschine.

Zentral dabei sind die Glaubenssätze, die Sie verinnerlicht haben. Das sind innere Überzeugungen, die – meistens unbewusst – unser Verhalten steuern. Sie können motivierend, aber auch hinderlich sein. Sind Ihre Glaubenssätze auf dem Weg zu mehr finanzieller Eigenständigkeit vielleicht eher Hürden als Helfer? „Ich überlasse das meinem Mann, der kennt sich damit besser aus", ist ein Satz, der in diesem Zusammenhang oft fällt. Aber ist das wirklich so? Frauen haben die Finanzen oft viel besser im Blick als ihre männlichen Partner – haben aber häufig in der gemeinsamen Finanzplanung wenig zu sagen. Frauen denken und planen anders. Sie setzen andere Prioritäten: Ihnen geht oft Sicherheit vor Risiko. Generell sind sie etwa beim Anlegen an der Börse zurückhaltender: In Deutschland haben laut dem Deutschen Aktieninstitut (DAI, Verband der börsennotierten oder in deren Umfeld tätigen Unternehmen) nur 4,7 Millionen Frauen ihr Geld in Aktien, Aktienfonds oder ETF investiert, aber 7,6 Millionen Männer (Stand 2023).

Glaubenssätze bestimmen den Umgang mit Geld

Arbeiten wir an unseren Glaubenssätzen. Überlegen Sie kurz, welche in Ihnen schlummern könnten. Vielleicht so etwas wie „Ich kann nicht rechnen, ich war in Mathematik immer schlecht"? Hat sich dadurch die

Glaubenssätze zum Thema Geld

Lassen Sie die unten gelisteten Sätze auf sich wirken und entscheiden Sie spontan, wie stark Sie gefühlsmäßig zustimmen. Vergeben Sie eine Wertung auf der Skala von eins bis fünf. Dabei bedeutet ein Punkt „stimme gar nicht zu" und fünf Punkte heißt „stimme voll zu". Lesen Sie dann weiter auf der Seite 12.

Reichtum steht mir zu.	○ ○ ○ ○ ○
Man kann auf ehrliche Weise kein großes Vermögen erwirtschaften.	○ ○ ○ ○ ○
Wer reich ist, hat einen schlechten Charakter.	○ ○ ○ ○ ○
Es gibt nichts umsonst im Leben.	○ ○ ○ ○ ○
Geiz ist eine gute Eigenschaft.	○ ○ ○ ○ ○
Ich habe keine Fähigkeit, mit der ich reich werden könnte.	○ ○ ○ ○ ○
Wer Geld hat, ist meistens arrogant und eingebildet.	○ ○ ○ ○ ○
Was ich nicht ausgebe, muss ich schon nicht verdienen.	○ ○ ○ ○ ○
Arme Menschen stehen moralisch höher als reiche.	○ ○ ○ ○ ○
Ich erfreue mich an Kleinigkeiten – mit mehr Geld würde dieses Gefühl verschwinden.	○ ○ ○ ○ ○
Wer reich ist, ist meistens allein.	○ ○ ○ ○ ○
Arm ist sexy.	○ ○ ○ ○ ○
Ich würde Freunde verlieren, wenn ich mehr Geld hätte.	○ ○ ○ ○ ○
Man kann am Ende nichts mitnehmen.	○ ○ ○ ○ ○
Das, was ich habe, ist das, was mir zusteht, was ich „verdiene".	○ ○ ○ ○ ○
Nur wer sehr intelligent ist, kann auch vermögend werden.	○ ○ ○ ○ ○
Das, was ich liebe, wird mir nie genug Geld einbringen.	○ ○ ○ ○ ○
Wenn ich mehr Geld hätte, würde es mir besser gehen.	○ ○ ○ ○ ○
Ich kann Reichtum genießen.	○ ○ ○ ○ ○
Viel Geld zu haben, gibt mir Freiheit.	○ ○ ○ ○ ○
Geld kommt einfach und leicht zu mir.	○ ○ ○ ○ ○
Wer finanziell unabhängig ist, muss sich nicht schämen.	○ ○ ○ ○ ○
Ich werde nie genug verdienen, um gut sparen zu können.	○ ○ ○ ○ ○

Überzeugung, mit Zahlen nicht gut umgehen zu können, in Ihnen verfestigt? Allerdings: Führen Sie nicht seit Jahrzehnten einen Haushalt mit mehreren Familienmitgliedern, bringen jeden Tag mehrere Essen auf den Tisch und haben am Ende des Monats kein Minus auf dem Konto? Gratulation! Sie sind eine hervorragende Wirtschaftsexpertin. Von hier zu einer tragfähigen Absicherung für alle Lebenslagen ist der Weg gar nicht so weit.

Schauen Sie in die Liste auf der Seite 11. Überlegen Sie, welche Glaubenssätze auf Sie zutreffen könnten. Betrachten Sie besonders diejenigen, die Sie mit 5 Punkten bewertet haben. Fragen Sie sich, ob die Aussage wirklich so für Sie stimmt – und was das für Ihren Umgang mit Geld bedeutet. So entdecken Sie Stellschrauben, an denen Sie drehen können, um ein positives und freudiges Mindset zum Thema zu entwickeln.

Wie ist dieser kleine Test ausgegangen? Haben Sie etwas über sich gelernt, was Ihnen zuvor noch nicht bewusst war? Gut. Vor allem beim Thema Geld ist es wichtig, sich darüber klar zu werden, was uns geprägt hat, mit welchen Vorstellungen wir in unseren Familien und unserem Umfeld groß geworden sind. Wir müssen nicht gegen unsere festen Überzeugungen handeln – aber wir können und dürfen Einstellungen verändern, die nicht mehr zu unserem erwachsenen Leben passen. Wer immer zu Hause gehört hat, dass reichen Menschen nicht zu trauen sei, dass Geld den Charakter verderbe oder dass man mit ehrlicher Arbeit kein Vermögen schaffen könne, der hat das verinnerlicht und handelt entsprechend. Und wird sich und seine finanzielle Zukunft möglicherweise unbewusst boykottieren.

Was können Sie bei besonders hartnäckigen Glaubenssätzen tun? Unser Gehirn macht uns Veränderungen nicht gerade leicht, da es Dinge und vor allem Gedanken kategorisiert und in Schubladen steckt. Wir müssen es also umtrainieren, wenn wir uns von alten, belastenden Sätzen lösen wollen. Dafür können wir negative Glaubenssätze umformulieren und positive daraus machen. Nehmen Sie dafür zum Beispiel den Satz: „Reiche Menschen sind arrogant und haben keine Freunde." Fragen Sie sich: „Wie viele reiche Menschen kenne ich, bei denen das so ist?" Wären Sie persönlich so, wenn Sie mehr Geld hätten? Liegt es nicht in Ihrer Hand, wie Sie als Mensch sind, wenn Sie über ein bestimmtes Vermögen verfügen? Würden Sie nicht Ihren Kindern eine bessere Ausbildung ermöglichen können und hätten trotzdem noch Ihre Freunde? Und was heißt schon Reichtum? Wenn Sie im Alter nicht jeden Cent umdrehen müssen, sind Sie dann reich, oder haben Sie einfach vieles richtig gemacht? Wie könnte solch ein positiver Glaubenssatz lauten? Eine

Möglichkeit ist etwa: „Ich habe mich mit meinen Finanzen beschäftigt, gute Entscheidungen getroffen und erfreue mich daran."

Die Beschäftigung mit Geld ist für viele immer noch unangenehm, manchmal ist es sogar ein Tabuthema. Holen Sie es aus dieser Ecke! Betrachten Sie es im Gegenteil als etwas, das Ihnen Freude macht, etwa wie ein Kinobesuch mit einer guten Freundin oder ein Tag in der Sauna. Kann es für Sie genauso selbstverständlich werden, sich um Ihr Geld zu kümmern wie um einen guten Haarschnitt? Das machen Sie wahrscheinlich regelmäßig. Fest steht: Nur wenn wir uns alte Prägungen und unser Verhältnis zum Thema Finanzen anschauen und das zu unserem persönlichen Vorteil nutzen, können wir etwas anders machen. Manchmal reicht es schon, die Wortwahl zu verändern: Sagen Sie statt „Ich bin reich" einmal „Ich bin finanziell abgesichert", „gut situiert", „wohlhabend", „finanziell unabhängig", „frei". Wie fühlt sich das an? Besser? Prima: Dann haben Sie bereits den ersten Schritt getan.

Mythen rund ums Geld

Wenn es um Finanzen geht, gibt es viele Mythen, die uns vom Handeln abhalten können beziehungsweise unsere Entscheidungen beeinflussen. Kommen Ihnen einige der hier genannten bekannt vor?

Geld anlegen ist wie Roulette spielen. Denken Sie vielleicht, Anlegen sei nur etwas für Zockerinnen und gleiche einem Glücksspiel? Wenn Sie nicht alles auf eine Karte setzen, können Sie diesen Satz getrost vergessen. Natürlich bewegen sich die Aktienmärkte, die Kurse gehen mal hoch und mal runter. Aber wenn Sie Ihr Geld breit streuen, statt es in ein einziges Wertpapier zu investieren, minimieren Sie das Risiko. Am besten geht das mit einem ETF, der die Weltwirtschaft abbildet, etwa über den Index MSCI World. Wer zudem langfristig plant, kann Kursschwankungen auf lange Sicht ausgleichen.

Das kostet so viel Zeit. Nein, Sie müssen sich nicht jeden Tag um Ihr Depot kümmern, Aktiencharts und Börsennachrichten verfolgen und jede Stunde auf Ihr Handy schauen. Wenn Sie etwa einen Sparplan haben, müssen Sie nicht mehr viel tun: Ihre Sparrate wird regelmäßig abgebucht und investiert. Es reicht völlig, wenn Sie einmal im Jahr auf Ihre Abrechnung schauen.

Warten lohnt sich. Sie haben das Gefühl, die Kurse sind im Moment zu hoch, um einsteigen zu können, und warten lieber, bis sie wieder sinken? Expertinnen sagen: Es ist immer der richtige Zeitpunkt, um anzufangen. Außerdem verursacht auch der Kauf bei niedrigen Kursen kein gutes Gefühl. Sie wissen ja nicht, ob es nicht noch weiter nach unten geht und Sie sofort Verluste machen. Also: Jeder Moment ist richtig, um zu beginnen, sein Geld für sich arbeiten zu lassen. Wenn Sie einen langen Atem haben, spielt es keine Rolle, wann Sie kaufen.

Nur reiche Menschen können investieren. Sie denken, Sie verdienten nicht genug oder hätten nicht genug auf der hohen Kante, um am Aktienmarkt aktiv zu werden? Das ist ebenfalls ein Mythos. Schon niedrige Beträge, die regelmäßig investiert werden, können zu einem kleinen Vermögen anwachsen. Hier bieten sich Sparpläne an, die Sie mit dem, was Sie übrig haben, regelmäßig bedienen.

Ein Kassensturz bringt Übersicht

Am Anfang Ihrer finanziellen Reise steht eine gründliche Bestandsaufnahme. Der genaue Blick auf Ihre Einnahmen und Ausgaben zeigt, wie viel Ihnen zum Investieren bleibt.

Nur wenn Sie wissen, wie viel im Monat hereinkommt und wie hoch Ihre laufenden Kosten sind, kennen Sie Ihr Sparbudget. Daher ist jetzt ein Kassensturz angesagt. Listen Sie alle Ausgaben akribisch auf. Je nachdem, bei welcher Bank Sie Ihr Girokonto haben, können Sie das mit Suchbegriffen machen, der Computer erledigt den Rest für Sie. Geben Sie einfach Begriffe ein wie Miete, Versicherung, Vereinsbeitrag, Versorger wie Strom, Wasser, Abfall, GEZ, Handykosten, Internet, Streamingdienst-Abos und überhaupt Abos jeglicher Art – so bekommen Sie schnell einen ersten Überblick. Eventuell müssen Sie die Kontoauszüge eines Jahres durchforsten, um Zahlungen zu finden, die nur viertel-, halb- oder jährlich abgehen.

DIE WENIGSTEN MENSCHEN WISSEN, wie viel sie für Lebensmittel, Freizeitaktivitäten und Shopping ausgeben. Aber auch das muss auf den Prüfstand. Führen Sie ein paar Wochen lang ein Haushaltsbuch und schreiben Sie alle Ausgaben relativ genau auf. Dabei kommt es nicht auf den Cent an, aber Sie sollten schon ehrlich mit sich sein.

Dafür gibt es Apps, in die Sie alles bequem eingeben können. Die Stiftung Warentest hat mehrere Haushaltsbuch-Apps getestet und diejenigen für Gut befunden, die eine Verknüpfung mit dem Girokonto, der Kreditkarte, dem Tagesgeldkonto oder dem Wertpapierdepot ermöglichen. Stöbern Sie ein bisschen, empfehlenswert sind laut unserem Test die Apps von Finanzguru, Wallet, Finanztracker und Finanzblick.

Wenn Sie Ihre Ausgaben genau kennen, stellen Sie diesen Ihre monatlichen Einnahmen gegenüber. Dabei sollten Sie unregelmäßige Zahlungen, Mieterträge und Zinsen aus Geldanlagen mitbedenken. Auch Urlaubs- und Weihnachtsgeld gehören dazu, ebenso das Kindergeld, gegebenenfalls Unterhaltszahlungen oder Renten. Verpachten Sie vielleicht noch irgendwo eine Parzelle oder vermieten Sie eine Garage? Haben Sie gar nicht auf dem Schirm, dass daraus regelmäßige – wenn auch kleine – Einnahmen entstehen?

Grundsätzlich gibt es zwei Wege, Ihr Sparpotenzial zu erhöhen: Sie steigern die Einnahmen oder Sie begrenzen die Ausgaben. Der größte Posten bei den Einnahmen ist in der Regel das Gehalt. Bekommen Sie nur ein paar Euro mehr im Monat, kann das einen großen Unterschied machen. Wann haben Sie zuletzt eine Gehaltserhöhung verhandelt? Steht das vielleicht mal wieder an? Haben Sie im Job große Projekte erfolgreich abgeschlossen, mehr Verantwortung übernommen, wäre eine Gehaltsverhandlung also aussichtsreich? Dann seien Sie mutig und gehen Sie das Gespräch an (siehe „Mehr Einkommen: Selbstbewusst im Beruf", S. 64).

Auf der anderen Seite sollten Sie Geldfresser identifizieren: Überprüfen Sie Verträge, Versicherungen, Mitgliedschaften und Abos. Wer das regelmäßig macht und gelegentlich beispielsweise den Telefonanbieter wechselt, kann Hunderte Euro im Jahr sparen. Diese Vergleiche sind ein bisschen mühsam – aber im Zweifelsfall lohnend. Das Vermeiden vieler kleiner Ausgaben im Alltag, hier ein Coffee to go, da ein Croissant im Vorbeigehen, kann Ressourcen freisetzen. Das heißt nicht, dass Sie von jetzt auf gleich zum geizigen Sparfuchs werden müssen, der sich nichts mehr gönnt. Schon das Bewusstsein für diese Posten reicht. Wenn Sie das gesparte Kleingeld zur Seite legen und am Ende des Monats in Ihren Fonds investieren, haben Sie sofort ein Erfolgserlebnis.

Checken Sie, wie Sie bisher Ihr Geld angelegt haben: Liegt ein großer Teil auf einem Sparbuch oder einem niedrig verzinsten Tagesgeldkonto? Gibt es Anbieter, die einen höheren Zinssatz bieten? Möglicherweise brauchen Sie einen Teil Ihres Geldes nicht als immer verfügbare Reserve und können ihn mit mehr Gewinn anlegen? Erst nach dem gründlichen Kassensturz können und sollten Sie sich mit Ihrem Spar- beziehungsweise Anlageplan befassen. Denn Sie sollten nur das Geld langfristig anlegen, das Sie wirklich entbehren können.

Welches Ziel wollen Sie erreichen?

Was soll es denn sein: eine Weltreise, der Sprung in die Selbstständigkeit oder ein Polster fürs Alter? Erstellen Sie eine Finanzplanung, die zu Ihren Wünschen und Zielen passt.

Fragen Sie sich zuerst, wofür Sie das angelegte und gesparte Geld später verwenden wollen. Planen Sie irgendwann ein Sabbatical oder sparen Sie auf ein neues Sofa? Träumen Sie von einem Häuschen auf dem Land? Brauchen Sie Geld für die Ausbildung Ihrer Kinder – vielleicht sogar im Ausland? Oder geht es um eine Altersvorsorge, die Ihre Rentenlücke schließt, damit Sie im Alter weder den Staat noch Ihre Kinder benötigen, um zurechtzukommen und finanziell frei und unabhängig zu sein? Machen Sie sich klar, wohin Ihre finanzielle Reise gehen soll, bevor Sie sich entscheiden, auf welchem Weg Sie dieses Ziel erreichen wollen. Sie müssen gar nicht so viel Zeit aufwenden, um Ihre Geldanlage zu planen: Manche Expertinnen sagen, dafür reiche ein einziger Nachmittag.

Vermögensbildung: Geht es Ihnen darum, Vermögen für spätere Ausgaben zu bilden, etwa für die Ausbildung der Kinder oder für Ihre eigene Rente, kommen grundsätzlich alle Anlageformen in Betracht. Je mehr Zeit Sie haben, desto stärker profitieren Sie vom Zinseszinseffekt (siehe

Das bringt der Zinseszinseffekt bei Einmalanlagen

So viel Euro haben Sie bei einer Anlagesumme von 10 000 Euro nach ... Jahren Laufzeit bei einem Zinssatz von ... Prozent.

Laufzeit in Jahren	Anlageergebnis einer Einmalanlage von 10 000 Euro bei einem Zins von						
	0,5 %	1,0 %	2,0 %	3,0 %	4,0 %	5,0 %	6,0 %
1	10 050	10 100	10 200	10 300	10 400	10 500	10 600
2	10 100	10 201	10 404	10 609	10 816	11 025	11 236
3	10 151	10 303	10 612	10 927	11 249	11 576	11 910
4	10 202	10 406	10 824	11 255	11 699	12 155	12 625
5	10 253	10 510	11 041	11 593	12 167	12 763	13 382
6	10 304	10 615	11 262	11 941	12 653	13 401	14 185
7	10 355	10 721	11 487	12 299	13 159	14 071	15 036
8	10 407	10 829	11 717	12 668	13 686	14 775	15 938
9	10 459	10 937	11 951	13 048	14 233	15 513	16 895
10	10 511	11 046	12 190	13 439	14 802	16 289	17 908
11	10 564	11 157	12 434	13 842	15 395	17 103	18 983
12	10 617	11 268	12 682	14 258	16 010	17 959	20 122
13	10 670	11 381	12 936	14 685	16 651	18 856	21 329
14	10 723	11 495	13 195	15 126	17 317	19 799	22 609
15	10 777	11 610	13 459	15 580	18 009	20 789	23 966
16	10 831	11 726	13 728	16 047	18 730	21 829	25 404
17	10 885	11 843	14 002	16 528	19 479	22 920	26 928
18	10 939	11 961	14 282	17 024	20 258	24 066	28 543
19	10 994	12 081	14 568	17 535	21 068	25 270	30 256
20	11 049	12 202	14 859	18 061	21 911	26 533	32 071

auch „Faktor Zeit", S. 19) und desto höhere Risiken können Sie auch eingehen, etwa mit einem stärkeren Engagement an den Aktienmärkten, am besten in Form von ETF. Als sicheres Element kombinieren Sie dazu festverzinsliche Anlageformen (siehe „Einfach anlegen: Das Pantoffel-Portfolio", S. 101).

Liquide sein: Es gibt verschiedene Gründe, warum Sie eventuell bei Ihrer Geldanlage möglichst kurzfristig an Ihr Geld kommen möchten. Vielleicht wollen Sie sich nicht längerfristig binden und hoffen, später bei einem Zinsanstieg bessere Konditionen zu bekommen. Oder Sie haben Konsumwünsche, die Sie sich in naher Zukunft erfüllen wollen. Vielleicht warten Sie auf besondere Anlage- und Spekulationsgelegenheiten, auf die Sie schnell reagieren wollen. Womöglich müssen Sie erst einmal eine eiserne Reserve ansparen, um sich in einem zweiten Schritt überhaupt mit längerfristigen Investments beschäftigen zu können. Worum auch immer es sich handelt: Sollte schnell verfügbares, aber dennoch gut angelegtes Geld Ihr derzeitiges oder vorherrschendes Ziel sein, eignen sich dafür letztlich nur eine gute Tagesgeldanlage oder ein Festgeld mit einer kurzen Laufzeit sowie Anleihen mit kurzen Restlaufzeiten (siehe „Investieren für die Zukunft", ab S. 85).

Laufende Erträge: Laufende Erträge können dann Ihr Ziel sein, wenn Sie mit dem Ersparten etwa Ihre Rente aufbessern und monatlich Ihre verfügbaren Mittel erhöhen wollen. Soll dabei Ihr Grundkapital erhalten bleiben, brauchen Sie dafür eine Anlage, bei der die Zinsen ausgeschüttet werden. Alternativ dazu verbrauchen Sie das Kapital mit der Zeit und verwenden dafür einen entsprechenden Entnahmeplan fürs Alter (siehe „Setzen Sie Ihre finanzielle Reise fort", ab S. 136).

Das magische Dreieck der Geldanlage

Wenn Sie Ihr Ziel definiert haben – es können auch mehrere gleichzeitig sein –, müssen Sie noch entscheiden, was das richtige Anlagekonzept ist. Dabei hilft Ihnen ein kurzer Blick auf das magische Dreieck.

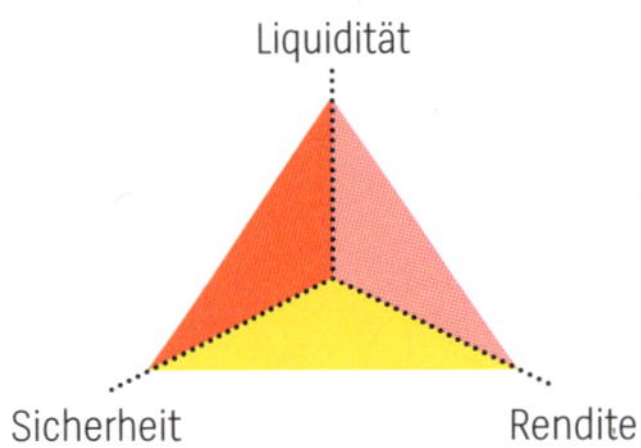

DAS MAGISCHE DREIECK zeigt, dass bei jeder Geldanlage grundsätzlich drei verschiedene Ziele im Fokus stehen: Rendite, Sicherheit und Verfügbarkeit. Selbstverständlich wünschen wir uns alle eine hohe Rendite bei maximaler Sicherheit und kurzfristiger Verfügbarkeit.

Sie ahnen es sicher schon: Alles zusammen gibt es nicht. Es ist nicht möglich, bei allen drei Punkten das Maximum zu erreichen. Wenn Sie Ihr Geld in absehbarer Zeit brauchen, sich also eine hohe Verfügbarkeit wünschen, müssen Sie eine geringere Rendite in Kauf nehmen, zum Beispiel, weil Sie das Geld auf einem Tagesgeldkonto anlegen. Oder Sie gehen bewusst ein höheres Risiko ein, stecken einen Teil in Aktien und verkaufen ihn bei möglicherweise niedrigeren Kursen wieder, wenn Sie das Geld brauchen.

Wir müssen also an einer der drei Spitzen des magischen Dreiecks Abstriche machen beziehungsweise Prioritäten setzen. Es gibt eine enorme Anzahl unterschiedlicher Finanzprodukte, einige davon finden Sie in diesem Ratgeber in Tabellenform (siehe „Service", ab S. 150) oder unter test.de. Keines davon kann alle drei Kriterien gleichzeitig erfüllen.

Der größte Konflikt besteht zwangsläufig zwischen den Zielen Rendite und Sicherheit. Hohe Rendite und hohe Sicherheit schließen sich aus. Es ist nun einmal so: Ein hohes Risiko kann möglicherweise einen hohen Gewinn bringen. Die Kehrseite davon sind potenzielle Verluste bis zum Totalverlust des Kapitals. Andersherum gilt: Enorme Sicherheit, fast kein Risiko – dafür bekommt man nicht viel für das eingesetzte Geld. Wir haben es mit einem klassischen Zielkonflikt zu tun, den das magische Dreieck verdeutlicht.

EXPERTENTIPP: Haben Sie die Wahl zwischen zwei Anlagen, bei denen Sicherheit und Ertragschancen ungefähr gleich sind, sollten Sie sich für die entscheiden, über deren Betrag Sie schneller verfügen können.

Eigentlich müsste es sogar ein magisches Sechseck sein, denn auch die Punkte Bequemlichkeit, ethische Gesichtspunkte und Steuern spielen bei der Wahl der Geldanlage für viele Menschen eine Rolle. Für Sie ist bei der Wahl der Anlageform also vor allem eines wichtig: Passt sie zu Ihren persönlichen Zielen? Sie müssen entscheiden, wann genau Sie welche Summe benötigen und wie lang Ihr Zeithorizont ist. Das hängt unter anderem von Ihrem Alter, Ihrer familiären Situation beziehungsweise der Familienplanung und Ihren beruflichen Lebensumständen ab.

Faktor Zeit

Zeit ist ein entscheidender Faktor bei Ihrer Anlagestrategie. Je früher Sie anfangen zu investieren, desto länger kann sich Ihr Geld vermehren. Überlegen Sie so früh wie möglich, welche finanziellen Ziele Sie sich wofür stecken wollen, und handeln Sie entsprechend. Das klingt jetzt zwar sehr nüchtern und nicht besonders aufregend, aber: Planen Sie Ihren finanziellen Lebensabend besser heute als morgen! Und bleiben Sie dann am Ball. Bedenken Sie Lebensrisiken und sorgen Sie entsprechend vor. Auch wenn Sie jetzt noch keine konkrete Idee haben, was Sie mit dem gesparten Geld anfangen wollen, legen Sie es trotzdem zurück. Manchmal tauchen unverhoffte Gelegenheiten auf und dann ist es wunderbar, vorbereitet zu sein und die nötigen Mittel zu haben. Um Ihnen die Vorteile einer langfristigen Strategie zu verdeutlichen, haben wir zwei Beispieltabellen für Sie zusammengestellt. Hier können Sie sehen, welche Auswirkungen die jeweilige Anlageform und der Anlagezeitraum konkret haben (siehe S. 21).

Je mehr Zeit Sie haben, desto leichter ist es, Ihr Geld für sich arbeiten zu lassen und vom Zinseszinseffekt zu profitieren. Er entsteht, wenn Sie die Zinsen reinvestieren. Eine Beispielrechnung: Sie wollen 100 000 Euro ansparen und haben 30 Jahre Zeit. Bei einer Rendite von konstant 3 Prozent genügt es dank des Zinseszinseffekts, wenn Sie jeden Monat knapp 173 Euro zur Seite legen. Fangen Sie sehr spät an und haben nur noch zehn Jahre Zeit, müssten Sie jeden Monat rund 715 Euro sparen.

Sie können also schon mit kleineren Beträgen – über einen langen Zeitraum angespart – ein beträchtliches Vermögen schaffen. Ein paar Euro haben Sie bestimmt immer übrig. Und wenn Sie sich erst einmal daran gewöhnt haben, das Geld zurückzulegen, fehlt es nicht mehr im Portemonnaie, sondern trägt zum guten Gefühl bei, dass es sich ohne größeres Zutun vermehrt und Ihnen ein sicheres Polster verschafft.

Aber selbst für den Fall, dass Sie nur wenig Zeit haben, bis Sie Ihr Geld benötigen, lässt sich etwas machen. Sie müssen nur entscheiden, wie, wo und wie lange Sie Ihr Kapital anlegen wollen, und die entsprechende Rendite errechnen.

Faktor Rendite

Stichwort Rendite: Was heißt das überhaupt? Einfach gesagt, ist die Rendite der Ertrag, den eine Anlageform in einem bestimmten Zeitraum gebracht hat. Meist wird sie in Prozent pro Jahr angegeben. Mit dieser Kennzahl lassen sich verschiedene Anlageformen leicht miteinander vergleichen. Generell gilt: Je höher die Rendite, desto erfolgreicher war Ihre Anlageform. Aber ganz so einfach ist es nicht. Bei manchen Anlagen wie etwa beim Festgeld steht die Rendite von Anfang an fest. Das ist der Charme und – wegen des geringen Risikos und damit dem geringeren Gewinn – gleichzeitig der Nachteil. Bei anderen Investments wie bei ETF,

Zeit und Rendite erleichtern das Sparvorhaben

Beispiel: Sparziel 10 000 Euro. Je nachdem, wie lange Sie Zeit haben zu sparen und welche Rendite Sie erzielen, brauchen Sie hierfür verschieden hohe monatliche Sparraten. Zum Beispiel benötigen Sie 72 Euro monatlich, wenn Sie 10 Jahre mit 3 Prozent sparen, aber nur 25 Euro bei 5 Prozent und 20 Jahren.

Zeitraum (Jahre)	Monatlicher Sparbetrag in Euro bei einer Rendite von ... (% p.a.)				
	3	4	5	6	7
5	154	151	147	143	140
10	72	68	65	61	58
15	44	41	38	35	32
20	31	27	25	22	20
25	22	20	17	15	13

Beispiel: Anlage von 1 000 Euro. Zeit und Rendite bestimmen auch darüber, was aus einer Anlage von 1 000 Euro wird. Bei einer Rendite von 7 Prozent werden daraus nach 25 Jahren mehr als 5 000 Euro, bei 3 Prozent nur gut 2 000 Euro.

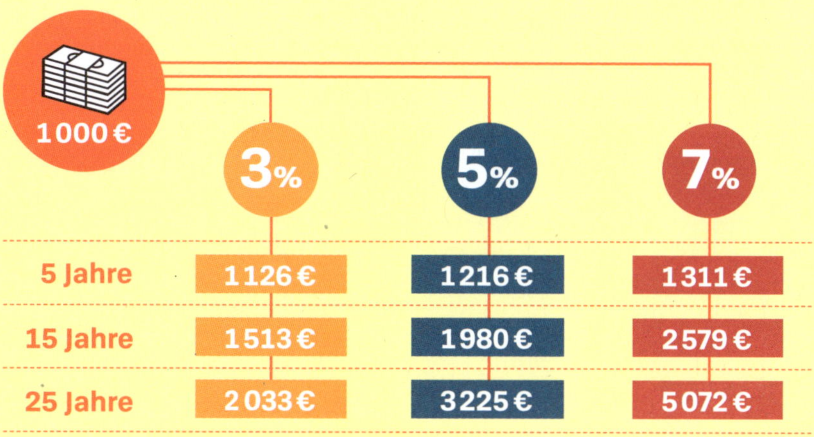

Aktien oder Fonds weiß man erst, wie viel Gewinn man gemacht hat, wenn man sie wieder verkauft. Aktien und die gängigen Fonds haben keine feste Laufzeit, die Kurse ändern sich ständig, und was schließlich herauskommt, steht erst am Ende fest.

WICHTIG IST BEI ALLEN ANLAGEN, dass Sie eine Rendite erzielen, die möglichst über der Inflationsrate liegt. Das Statistische Bundesamt berechnet monatlich die Inflationsrate mithilfe des Verbraucherpreisindex (VPI).

Der Verbraucherpreisindex misst jeden Monat die durchschnittliche Preisentwicklung aller Waren und Dienstleistungen, die private Haushalte in Deutschland konsumieren. Die Veränderung des Verbraucherpreisindex zum Vorjahresmonat beziehungsweise zum Vorjahr wird als Teuerungs- oder Inflationsrate bezeichnet. Um diese zu berechnen, wird ein Warenkorb angenommen, in dem sich rund 700 Güterarten befinden, darunter Lebensmittel, elektronische Geräte, Benzin und Dienstleistungen, die die Menschen in Anspruch nehmen. Bei einem länger anhaltenden Anstieg des Preisniveaus spricht man von Inflation. Ziel der Finanzpolitik der meisten Länder ist eine möglichst stabile Währung, die sich in relativ niedrigen Inflationsraten zeigt. Sie sorgen für Vertrauen in eine Volkswirtschaft.

Die Inflation sowie fällige Steuern sollten Sie ohnehin bei jedem Investment in Ihre Überlegungen einbeziehen. Das Geld, das Sie heute anlegen, hat inflationsbedingt in der Zukunft nicht mehr die gleiche Kaufkraft wie heute. Deutschland hatte im Durchschnitt der letzten zehn Jahre eine Inflationsrate von 2,2 Prozent. Das hält sich im Vergleich zu vielen anderen Ländern zwar noch im Rahmen, muss aber dennoch bedacht werden. Berücksichtigen Sie zudem die Steuern, die Sie auf Kapitalerträge zahlen müssen. Pauschal sind das in Deutschland 25 Prozent. Erst wenn Sie diese Posten in Ihre Renditeberechnung einbeziehen, haben Sie den Wert Ihrer Erträge sauber ermittelt.

Faktor Sicherheit

Risiko oder Sicherheit? Das ist Ihre persönliche Entscheidung. Sie müssen sie nur treffen. Menschen sind verschieden und das gilt insbesondere für ihre Risikobereitschaft. In Finanzdingen gelten Frauen generell als vorsichtiger, risikoscheuer und sicherheitsbewusster – von Ausnahmen natürlich abgesehen. Das ist wahrscheinlich so, weil sie anders denken. Frauen haben meistens das Wohl und Wehe mehrerer Menschen im Blick, sie setzen in vielen Lebensbereichen auf langfristige und nachhaltige Lösungen. Kurz: Sie sind diejenigen, die sich oft, viel und gern um andere kümmern und versuchen, Risiken aller Art von ihren Lieben fernzuhalten. Was bedeutet das für das Thema Finanzen? Nun, das sind zuerst einmal sehr gute Eigenschaften, um vernünftig mit seinem Geld umzugehen und langfristige sowie nachhaltige Ziele zu verfolgen.

Frauen sind zudem stärker von familiären Veränderungen betroffen. Und sie reagieren auf sie anders als Männer, manchmal für sie selbst überraschend. Eine Mutterschaft etwa kann die bisherige Rationalität – etwa den Wunsch nach einem eigenen hohen Einkommen – plötzlich über den Haufen werfen oder zumindest zeitweise in den Hintergrund rücken. Auf einmal steht anderes im Mittelpunkt, beispielsweise der Wunsch, mehr Zeit für das Kind zu haben. Karriereziele können unwichtiger werden. Viele Frauen machen dann zeitweise und aus vollem Herzen Abstriche bei ihrem Einkommen und verzichten auf Aufstiegschancen. Das ist ein Punkt, über den Sie sich klar sein müssen.

Die Philosophin Annegret Stopczyk schrieb einmal, dass ihr die wissenschaftliche Karriere lange Zeit wichtiger war als alles andere. Bis sie Mutter wurde. Daraufhin sei ihr ihre „rationale Vernunfthaltung" völlig abhandengekommen. Es sei so gewesen, als sei ihre glatte Oberfläche von innen her in die Tiefe verbunden worden, schrieb sie. Anders gesagt: Sie hat plötzlich andere Prioritäten in ihrem Leben gesetzt. Manchmal sind Frauen in bestimmten Lebensphasen andere Dinge wichtig als Männern. So stellen laut der kanadischen Psychologin Susan Pinker viele erfolgreiche Frauen auf dem Höhepunkt ihres beruflichen Schaffens plötzlich die Sinnfrage. Auf einmal wollten sie mehr für Kinder und Angehörige da sein, sich kümmern und sorgen, statt 70 Stunden in der Woche abwesend zu sein. Manche reduzieren daraufhin ihre Arbeitszeit, nehmen die finanziellen Folgen in Kauf – und fühlen sich besser. Sie müssen weder in die eine noch in die andere Richtung solch drastische Entscheidungen treffen. Aber:

JEDE FRAU DARF SICH ZUGESTEHEN, dass sie vielleicht in manchen Lebensphasen andere Schwerpunkte setzt. Worauf es ankommt, ist, dass dies nicht unbedingt zu Ihrem finanziellen Nachteil sein muss. Das erreichen Sie, indem Sie etwa Ihren Partner bei Ihrer Absicherung einbinden und Geld sinnvoll investieren, auch wenn Sie eine Zeit lang weniger erwerbsarbeiten, also für Ihre Tätigkeiten bezahlt werden.

Was heißt das für Ihre finanziellen Entscheidungen? Unabhängig von Ihrer jeweiligen Lebenssituation sollten Sie sich fragen: Wie viel Risiko bin ich bereit einzugehen? Selbst wenn Sie sich als risikofreudig einschätzen würden – gilt das immer noch, wenn Sie sich mit größeren Verlusten konfrontiert sähen? Wenn es zum Schwur kommt, sieht die Welt oft anders aus. Erstellen Sie also ein persönliches Risikoprofil: Das besteht aus Ihrer persönlichen Risikotragfähigkeit und Ihrer individuellen Risikobereitschaft. Oder anders gesagt: Wie viel Risiko können Sie sich aufgrund Ihrer aktuellen Lage überhaupt erlauben und wie ist Ihre persönliche Einstellung mit Blick darauf, wie viel Risiko Sie eingehen wollen? Am Ende können Sie entscheiden, wie viel Risiko für Sie persönlich sinnvoll ist.

Die Risikotragfähigkeit hängt davon ab, wie viel Gesamtvermögen Sie besitzen und wie lange der Horizont Ihrer Anlage ist. Je mehr Sie besitzen, desto leichter können Sie zwischenzeitliche Verluste verkraften beziehungsweise rechnerisch wegstecken, ohne dass diese Ihre Existenz gefährden. Wenn Sie noch jung sind, können Sie größere Schwankungen in Ihren Anlagen sprichwörtlich aussitzen, denn bis Sie das Geld verbrauchen wollen oder müssen, ist es noch lange hin. Aller Wahrscheinlichkeit nach werden sich die Kurse Ihrer Anlagen wieder erholen, sodass über die Jahre eine ordentliche Rendite möglich ist. Sollten Sie jedoch in ein paar Monaten eine Immobilie erwerben wollen, ist Aussitzen keine Option und Verluste könnten Ihren Traum vom Eigenheim mit einem Schlag zunichtemachen oder zumindest auf längere Zeit verzögern. Das hieße, Sie hätten in dieser Situation eine geringere Risikotragfähigkeit.

Ihre Erfahrungen mit dem Thema Geldanlage spielen bei der Einschätzung, welcher Risikotyp Sie sind, eine wichtige Rolle: Haben Sie im Familien- oder Bekanntenkreis erlebt, dass jemand eine größere Summe durch ungünstige Investments verloren hat? Haben Sie daraus geschlossen, dass Aktien beziehungsweise Aktivitäten an der Börse keine gute Idee sind? Oder haben Sie die umgekehrte Erfahrung gemacht: Der Nachbar unternimmt auf einmal schöne Reisen, weil sich seine Investments gelohnt haben, er im richtigen Moment verkauft hat und nun mit den Erträgen ein schönes Leben genießen kann? Vielleicht ermutigt Sie das, bei der Geldanlage ein gewisses Risiko einzugehen.

Bevor Sie also loslegen mit dem Investieren: Machen Sie sich Gedanken darüber, welche Risikoausrichtung Ihre Anlagen haben sollen und womit Sie sich wohlfühlen. Das heißt konkret: Wie viel Prozent Ihrer Anlagen sollen sichere Zinsen abwerfen und wie hoch darf und soll der Anteil an riskanteren Produkten sein?

Rechnen Sie dabei nicht nur in Prozenten, sondern auch in absoluten Zahlen. Denn erst wenn Sie die Zahl schwarz auf weiß sehen, die Sie möglicherweise verlieren könnten, merken Sie, wie sich das anfühlt. Konkret: Stellen Sie sich vor, sie verlören an der Börse 15 000 Euro – so viel, wie Ihr Auto gekostet hat. Wie wäre das für Sie? Natürlich besteht der Verlust gegebenenfalls vorerst nur auf dem Papier. Wenn er aber nicht mehr ausgeglichen werden kann, müssten Sie ihn verkraften können oder darauf vertrauen, dass es schon wieder aufwärts gehen wird. Und nicht zu sehr um den verlorenen Gegenwert eines Kleinwagens trauern.

Sind Sie ein eher risikoscheuer Typ, könnte Ihnen der Gedanke an größere Investments in Aktienfonds ein paar Schweißperlen auf die Stirn treiben. Die relative Unberechenbarkeit der Aktienmärkte kann beängstigend und verunsichernd wirken.

SOSALLA SAGT: „Viele Menschen tendieren dazu, konservativer anzulegen, als sie eigentlich könnten. Aber wer eine bestimmte Rendite erzielen möchte, muss ein gewisses Risiko eingehen. Natürlich sollen Sie jetzt nicht Ihr ganzes Geld an die Börse tragen – aber, wie man in Wien so schön sagt, vielleicht darf´s a bisserl mehr sein?"

Das Geheimnis ist die kluge Mischung der Anlageformen. Details zu den einzelnen Produkten finden Sie im Kapitel „Investieren für die Zukunft" ab S. 85.

Ihr Risikoprofil können Sie mithilfe der Fragen auf der folgenden Seite erforschen. Hätten Sie durchaus Lust, etwas mehr zu wagen, aber Ihre Risikotragfähigkeit ist gering, sollten Sie sich für etwas mehr Sicherheit entscheiden. Es wäre jedoch ungünstig, wenn Sie sich zwar ein hohes Risiko leisten können, aber wegen riskanter Anlagen nicht mehr gut schlafen können. Hilfe bietet hier das von der Stiftung Warentest entwickelte Pantoffel-Portfolio (siehe „Einfach anlegen: Das Pantoffel-Portfolio", S. 101), das – je nachdem, wie es bestückt wird – drei Risikostufen abbildet: defensiv, ausgewogen und offensiv.

Kein Risikoprofil gilt für die Ewigkeit. Ihre Lebensumstände können sich verändern, Sie können mehr oder weniger verdienen, andere Bedürfnisse haben. Das ist kein Problem, denn das Portfolio lässt sich jederzeit umschichten und entsprechend anpassen.

Wie Sie vielleicht schon gemerkt haben, schwingt beim Thema Risikotyp ein wichtiger Faktor mit: die Gefühle. Deren Einfluss dürfen wir bei

Ihr Risikoprofil

Wie viel Risiko können Sie sich leisten?

Denken Sie über die folgenden Fragen nach. Je mehr Sie davon mit Ja beantworten können, desto höher ist Ihre Risikotragfähigkeit.

- ○ Haben Sie viel Vermögen oder rechnen Sie fest mit einem?
- ○ Haben Sie ein gesichertes Einkommen und das bleibt wahrscheinlich auch so?
- ○ Haben Sie keine größeren finanziellen Verpflichtungen wie einen Immobilienkredit oder müssen Sie keine Familie unterhalten?
- ○ Haben Sie einen langen Zeithorizont für Ihre Geldanlage und sind Sie flexibel?
- ○ Haben Sie finanzielle Reserven, etwa wenn ein neues Auto angeschafft werden muss?
- ○ Steht Ihre Altersvorsorge auf einer soliden Basis, bestehend aus gesetzlichen und betrieblichen Rentenansprüchen, eventuell eigenen Immobilien und/oder Lebens- und Rentenversicherungen?
- ○ Haben Sie im Fall eines Verlusts genügend Zeit, diesen wieder auszugleichen, oder können Sie ihn verkraften?

Wie viel Risiko trauen Sie sich zu?

Sie müssen selbst einschätzen, zu wie viel Risiko Sie neigen. Diese Fragen helfen Ihnen dabei, Ihre Risikobereitschaft einzuschätzen.

- ○ Würden Sie es mental aushalten, wenn sich bei einem Finanzcrash der Wert Ihres Depots halbierte?
- ○ Haben Sie schon einmal schlechte Erfahrungen mit Geldanlagen gemacht?
- ○ Wenn Sie schon einmal mit Geldanlagen Verluste gemacht haben: Wie haben Sie sich dabei gefühlt?
- ○ Was ist Ihnen wichtiger: die Chance auf eine höhere Rendite oder Sicherheit?
- ○ Wie reagieren Sie emotional auf Unsicherheiten aller Art?
- ○ Welchen Aufwand können und wollen Sie mit der Auswahl und der Pflege Ihrer Geldanlagen betreiben?
- ○ Wie würden Sie reagieren, wenn Sie wegen Ihrer Entscheidungen (Verkauf zum falschen Zeitpunkt, hektisches Agieren, unüberlegter Kauf eines Finanzprodukts) Verluste zu verantworten hätten?

der Geldanlage nicht unterschätzen. Menschen sind nun einmal gefühlsgesteuerte Wesen, die Existenz eines rein rationalen „homo oeconomicus" aus der Betriebswirtschaftslehre ist längst widerlegt. Mittlerweile ist der Blick der Verhaltensökonomen auf unsere Entscheidungen vielschichtiger. Wir können aufgrund komplexer Vorgänge in unserem Gehirn und damit unserer Gefühlswelt oft gar nicht entscheiden, was „optimal" ist. Im besten Fall prüfen wir, was unsere Entscheidung auf der Beziehungsebene, also für andere Menschen bedeutet. Wir messen Dingen damit mehr als einen rein pekuniären Wert zu. Die Verhaltensökonomie hat uns dafür wertvolle Handreichungen gegeben, mit denen wir unsere Gefühle kontrollieren und bessere Investorinnen werden können:

Sich verlangsamen. Handeln Sie erst, wenn Sie genügend Informationen gesammelt und sich einen guten Überblick über verschiedene Angebote verschafft haben.

Falschinformationen erkennen. Fragen Sie sich vor jeder Entscheidung, ob Sie Gerüchten folgen, aktuell ein Massenphänomen den Diskurs bestimmt oder womöglich eigene Vorurteile im Spiel sind.

So rational wie möglich vorgehen. Erstellen Sie einen großen, langfristigen Plan für Ihre Geldanlage und halten Sie sich daran. Gefühle sollten hier ausnahmsweise mal keine große Rolle spielen. Wer kühl agiert, ist klar im Vorteil.

Sich selbst von Anfang an feste Regeln setzen. Legen Sie beispielsweise fest, wie oft Sie das Depot überprüfen und gegebenenfalls neu austarieren.

Strategisch vorgehen. Erarbeiten Sie eine Anlagestrategie, setzen Sie sie um und halten Sie daran fest. Wenn Sie Ihre Ziele gut definiert haben, dürfte das kein Problem sein. Denn Sie wissen ja, wofür Sie es tun.

02

Gar nicht so kompliziert: Finanzen verstehen

Schulden abbauen

Wo nichts ist, kann nichts angelegt werden. Daher ist der erste Schritt: Schließen Sie Lücken und schaffen Sie eine solide Grundlage.

Ganz gleich, wie Ihre persönlichen Überzeugungen und Glaubenssätze im Umgang mit Geld aussehen – es gibt ein paar unverrückbare Regeln, die alles betreffen, was wir mit unserem Geld im täglichen Leben anstellen. Eine davon lautet: Viele kleine Schritte ergeben einen langen Weg. Es geht also nicht darum, früh ein großes Vermögen zu machen, sondern den Weg in Richtung finanzielle Unabhängigkeit stetig und unverdrossen, wenn auch mit kleinen Beträgen, weiterzugehen.

Was das fürs Sparen heißt, haben wir im vorigen Kapitel gesehen: Zeit ist Geld und der Zinseszinseffekt arbeitet für Sie. Wenn Sie die Erträge Ihres Ersparten immer wieder neu anlegen, wächst die Sparsumme mit der Zeit immer schneller. Das Gleiche gilt allerdings auch, wenn Sie in die andere Richtung unterwegs sind, wenn Sie beispielsweise einen Kredit aufnehmen, um alltägliche Ausgaben zu decken, einen Urlaub zu finanzieren oder die Autoreparatur zu bezahlen. Die Zinsen für den Kredit schmälern das Einkommen – umso mehr, je höher sie sind.

Gerade in Zeiten steigender Lebenshaltungskosten kann es schnell passieren, dass am Monatsende ein Minus auf dem Konto ist. Viele Kontoinhaber und -inhaberinnen nutzen dann den Dispokredit, bis das nächste Gehalt auf dem Konto ist. Für ein paar Tage bis zum Monatsende ist das kein Problem. Doch spätestens zum Quartalsende sollten Sie Ihr Konto ausgleichen. Dann nämlich werden die Zinsen fällig und die treiben die Zahlen noch tiefer in den roten Bereich. Hinzu kommt: Die Überziehungszinsen für einen Dispokredit sind je nach Bank oft unverhältnismäßig hoch. Im Durchschnitt liegen sie bei knapp 12 Prozent, bei einigen Kontomodellen sogar noch deutlich darüber. Die Zinszahlungen summieren sich dann schnell zu dreistelligen Beträgen.

Deshalb gilt: Wenn Sie ohne flexiblen Kredit nicht über die Runden kommen, sollten Sie versuchen, eine günstigere Variante zu wählen. Ein Rahmenkredit – auch Abrufkredit genannt – kann eine bessere Alternative sein. Was für ihn spricht: Er ist genauso flexibel wie ein Dispokredit, die Zinsen sind jedoch meistens deutlich niedriger. Sie fallen nur auf den beanspruchten Betrag an und es gibt keine feste Laufzeit. Die Stiftung Warentest hat unter test.de/abrufkredite 15 Angebote verglichen.

Wie bekommen Sie einen solchen Rahmenkredit? Sie eröffnen beim Anbieter Ihrer Wahl ein Kreditkonto. Davon können Sie dann je nach Bedarf beliebige Beträge abrufen. Die Bank kann eine Höchstsumme festlegen. Allerdings bieten nur wenige Kreditinstitute dieses Produkt an. Aber Achtung: Zur Lösung dauerhafter Liquiditätsprobleme ist ein Rahmenkredit nicht geeignet.

Sie nutzen zwar nicht Ihren Dispokredit, zahlen aber einen oder mehrere Ratenkredite oder Buy-now-pay-later-Kredite über Paypal oder Klarna ab, die monatlich Zinsen kosten? Das ist auf Dauer teuer. Als Grundstein Ihrer finanziellen Unabhängigkeit sollten Sie daher einen Plan aufstellen, um die Kredite zurückzuzahlen. Bevor das nicht geschafft ist, ist es nicht sinnvoll, Rücklagen aufzubauen oder über einen Sparplan nachzudenken.

Erster Schritt: Machen Sie eine Liste aller großen und kleinen Kredite. Wichtig ist, dass die Liste vollständig ist: Dispo, Kreditkarte (falls Sie den Saldo nicht einmal pro Monat vollständig ausgleichen), Ratenkredite und Buy-now-pay-later-Kleinkredite.

Expertinnen empfehlen, zuerst die Kredite mit dem höchsten Zinssatz abzubauen, weil diese die höchsten Kosten verursachen. Ordnen Sie Ihre Schulden also nach Priorität! Andersherum funktioniert es auch, indem man die kleinsten Schulden zuerst abbezahlt. Dieses Vorgehen halten Expertinnen für motivierend, weil schneller Fortschritte zu sehen sind. Es wird auch Schneeball-Methode genannt.

Was auch immer für Sie motivierender ist: Auf eine der beiden Methoden sollten Sie sich festlegen und dann dabei bleiben. Um die Rückzahlung zu stemmen, ist es sinnvoll, Ausgaben und Einnahmen durchzuschauen. Gibt es Ausgaben, die Sie zurückfahren können? Versicherungen, die Sie nicht brauchen (siehe „Absichern mit Versicherungen", S. 34)? Auch zusätzliche Einkünfte verbessern Ihre finanzielle Situation, also: Können Sie einen kleinen Nebenjob annehmen, ungenutzte Gegenstände verkaufen oder Dienstleistungen anbieten?

Falls die Rückzahlung der Kredite ein ernsthaftes Problem ist und Sie Schwierigkeiten haben, Rechnungen zu begleichen, sollten alle Alarmglocken läuten. So schwer es sein mag: Werden Sie aktiv! Wer Schulden hat und sie nicht begleichen kann, läuft Gefahr, in eine Schamfalle zu geraten und alles daranzusetzen, dass die prekäre Situation nicht auffällt. Dabei ist jetzt Transparenz das Wichtigste. Hinzu kommt der emotionale

Quelle: Destatis, 2025

Onlineshopping: Höhere Verschuldung bei Frauen

Überschuldete Frauen haben in der Regel häufiger und höhere Schulden bei Online- und Versandhändlern als Männer.

Zahlungsrückstände bei Frauen

Zahlungsrückstände bei Männern

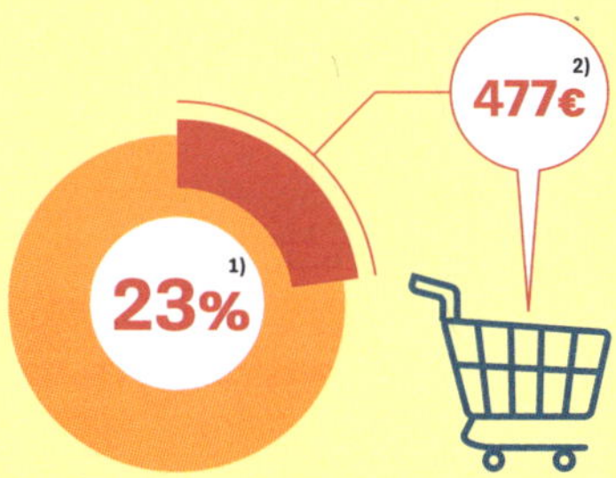

[1] Anteil der Menschen, die 2023 die Hilfe einer Schuldnerberatungsstelle in Anspruch nahmen und Zahlungsrückstände bei Online- und Versandhändlern hatten.

[2] Durchschnittliche Schuldenlast bei Online- und Versandhändlern.

Altersgruppen der beratenen Personen mit Schulden im Onlinehandel

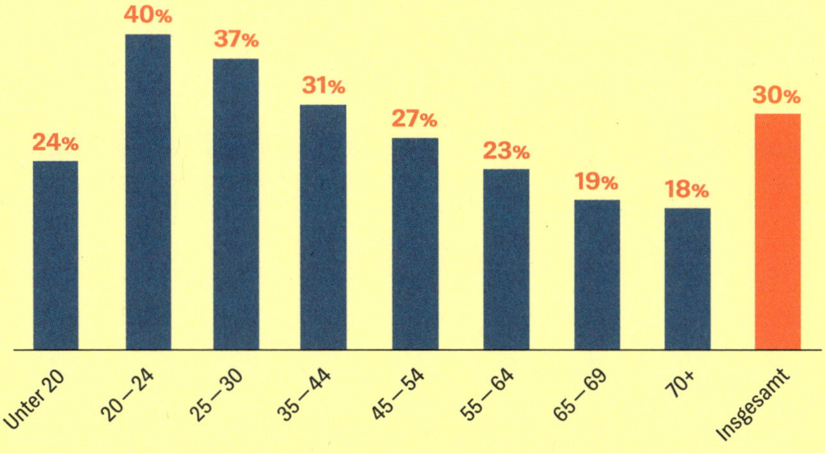

Aspekt: Wer Schulden hat, gerät leicht unter psychischen Druck. Wenn diese Stressquelle eliminiert oder zumindest verkleinert ist, steigt die Lebensqualität. Sie sind mit Ihrem Problem nicht allein: Die Zahlen sind zwar in den vergangenen zehn Jahren leicht gesunken, dennoch waren 2024 5,5 Millionen Menschen in Deutschland überschuldet.

Informieren Sie Ihre Gläubiger schriftlich per E-Mail oder Post. Dokumentieren Sie den Schriftverkehr, damit er nachvollziehbar bleibt. Seien Sie ehrlich! Damit können Ihre Gläubiger besser umgehen als mit völliger Funkstille von Ihrer Seite. Anschließend können Sie eventuell Ratenzahlungen anbieten, selbst wenn diese gering sind. Für die Gläubiger handelt es sich um offene Fälle, die sie gern abschließen möchten. Vielleicht können Ihnen in bestimmten Fällen und wenn es um kleinere Beträge geht, Familie oder Freunde aushelfen. Ebenso gilt: Neue Schulden sollten Sie zuerst begleichen, weil diese noch nicht beim Inkassobüro oder einem Rechtsanwalt gelandet sind. Wie Sie reagieren können, wenn Inkassoschreiben und Mahnverfahren ins Haus flattern, lesen Sie unter test.de/ueberschuldung.

Hilfreich kann ein Gang zur Schuldnerberatung sein. Dort gibt es – oft kostenlos – individuelle Hilfestellung und Unterstützung, um eine Strategie zum Schuldenabbau zu entwickeln. Nutzen Sie dieses Expertinnenwissen! Im Zweifelsfall wenden Sie sich an einen Verbraucheranwalt oder an eine Schuldnerberaterin beziehungsweise an die Verbraucherzentralen. Einen letzten Ausweg bietet die Privatinsolvenz. Wer sie anmeldet, ist in der Regel nach drei Jahren schuldenfrei – muss bis dahin allerdings damit leben, dass nur wenig Geld zum Leben bleibt.

Was Sie nicht tun sollten: auf unrealistische Versprechungen wie „Schuldenfrei in einem Jahr" oder „Soforthilfe" hereinfallen. Hinter solchen Angeboten stecken oft Kredithaie, die ihren verzweifelten Kunden weit überhöhte Zinsen abnehmen. Kredite „ohne Schufa" oder Vorauszahlungen für Vermittlungen sind oft unseriös. Lassen Sie sich nicht auf solche Angebote ein, sondern wenden Sie sich an Beratungsstellen oder Verbraucherzentralen. Dort erhalten Sie Hilfe, ohne teuer zu bezahlen.

Anders sieht es aus, wenn Sie einen Immobilienkredit haben, mit dem Sie eine Eigentumswohnung oder ein Haus gekauft haben. Hier steht dem Kredit ein dauerhafter Wert gegenüber. Trotzdem gilt auch hier: Schauen Sie von Zeit zu Zeit nach Möglichkeiten, um die Schuldenlast zu verringern. Möglich ist das beispielsweise durch regelmäßige Sondertilgungen, falls Ihr Kreditvertrag das zulässt. So werden Sie schneller schuldenfrei, sind die monatlichen Tilgungsraten los und haben mehr Geld zur freien Verfügung.

Notgroschen zurücklegen

Ein finanzielles Polster für alle Fälle ist Pflicht. Denn nur wer auf Unvorhergesehenes vorbereitet ist, kann entspannt langfristig sparen.

Wenn die Kredite weitgehend getilgt sind – bis auf den Immobilienkredit, der über eine lange Zeit läuft –, kommt der nächste Grundpfeiler der finanziellen Unabhängigkeit: der Aufbau einer Rücklage. Die brauchen Sie für alle Wechselfälle des Lebens. Geht der Geschirrspüler kaputt, muss das Auto in die Werkstatt oder braucht das Kind einen Computer, sollte Ihnen das nicht den Schweiß auf die Stirn treiben. Expertinnen raten, zwei bis drei Netto-Monatsgehälter auf der hohen Kante liegen zu haben, um für solche Vorkommnisse gewappnet zu sein. Dafür benutzen Sie am besten ein Tagesgeldkonto. Dort ist das Geld immer verfügbar und wird zudem noch verzinst. Sie können es jederzeit auf Ihr Girokonto überweisen und flexibel einsetzen. Wenn Sie Ihren Notgroschen auf dem Tagesgeldkonto haben, laufen Sie nicht Gefahr, ihn aus Versehen im Alltag auszugeben.

STELLEN SIE SICH das Tagesgeldkonto vor wie früher das Sparbuch – das wurde ja auch nicht bei jeder Kleinigkeit herausgeholt. Gleichzeitig können Sie es wie ein virtuelles Sparschwein benutzen und damit auf konkrete Wünsche hin sparen, etwa eine Reise, einen neuen Kühlschrank oder was immer Sie sich kurzfristig leisten möchten. Überweisen Sie mit einem Dauerauftrag eine monatliche Sparrate vom Girokonto auf das Tagesgeldkonto.

Schon legen Sie ohne große Mühen und ohne darüber nachzudenken regelmäßig Geld zurück. Sie möchten dafür lieber das Geld verwenden, das am Monatsende noch übrig ist? Dann überweisen Sie es von Hand. Probieren Sie aus, was besser zu Ihnen und Ihrem Leben passt. Wichtig ist: Bleiben Sie dran, vor allem wenn Sie keinen Dauerauftrag einrichten, sondern jeden Monat den Restbetrag überweisen. Führen Sie sich immer das große Ziel vor Augen: finanzielle Unabhängigkeit.

Absichern mit Versicherungen

Nun haben Sie eine eiserne Reserve angelegt – für die großen Lebensrisiken dürfte diese aber nicht ausreichen. Deshalb müssen noch ein paar unverzichtbare Versicherungen dazukommen.

Keine Sorge: Es sind weniger, als Sie vielleicht denken. Es gibt allerdings Versicherungen, die wirklich jeder haben sollte, um böse Überraschungen zu vermeiden. Dazu gehören:

Private Haftpflichtversicherung: Sie zahlt, wenn Sie anderen Schaden zufügen – und sei es aus Unachtsamkeit. Das kann in einigen Fällen mehrere Hunderttausend Euro Kosten für Sie bedeuten. Trägt ein Mensch lebenslange Schäden davon, kann die Schadenssumme sogar in Millionenhöhe gehen. Wenn Sie etwa jemanden mit dem Fahrrad anfahren und diese Person nie wieder arbeiten kann, sind Sie dafür verantwortlich und müssen neben Schmerzensgeld und Gerichtskosten möglicherweise eine lebenslange Rente zahlen. Solche Summen sind existenzbedrohend. Daher sollten Sie auf jeden Fall eine Privathaftpflichtversicherung haben, die dann einspringt. Eine gute Absicherung gibt es schon ab 50 Euro im Jahr – für die ganze Familie. Die Versicherungssumme soll, so raten Verbraucherschützer, mindestens 10 Millionen Euro betragen. Unter test.de/phv finden Sie weitere Informationen dazu.

Berufsunfähigkeitsversicherung: Wenn Sie auf Ihr Einkommen angewiesen sind, um Ihren Lebensunterhalt zu sichern, empfiehlt sich der Abschluss einer solchen Versicherung. Damit sorgen Sie für den Fall vor, dass Sie vorübergehend – etwa während einer Krebsbehandlung – oder dauerhaft Ihren Beruf nicht mehr ausüben können. Eine Berufsunfähigkeitsversicherung, kurz BU, springt bei schwerer Krankheit ein und zahlt einen zuvor vereinbarten monatlichen Betrag aus. Sie ist zwar nicht ganz billig, aber eine sehr wichtige Absicherung. Die gesetzliche Erwerbsminderungsrente bietet in der Regel keinen ausreichenden Schutz, um Ihren Lebensstandard zu sichern. Sie zahlt nur dann, wenn Sie in keinem anderen Beruf mehr arbeiten können. Die Zahlungen sind häufig niedrig und Sie müssen bestimmte Voraussetzungen erfüllen. 2024 hat die Stiftung Warentest 67 Berufsunfähigkeitsversicherungen verglichen und dabei 38 mit Sehr gut bewertet (test.de/bu). Allerdings gibt es riesige Preisunterschiede zwischen den Versicherern, genaues Hinschauen lohnt also.

EIN BEISPIEL. Je nach Anbieter zahlt eine Angestellte im Controlling, die mit 30 Jahren eine BU-Versicherung abschließt, zwischen 643 und 3 071 Euro Jahresbeitrag. Dafür erhält sie bei Berufsunfähigkeit eine Monatsrente von 2 000 Euro bis zum Alter von 67 Jahren. „Unterschätzen Sie das Risiko nicht, krankheitsbedingt Ihren Beruf aufgeben zu müssen. Eine Berufsunfähigkeitsversicherung ist der beste Schutz", sagt Beate Bextermöller, Projektleiterin bei der Stiftung Warentest.

Risikolebensversicherung: Sie planen einen Hausbau? Eine einzelne Person in Ihrem Haushalt – Sie oder Ihr Partner beziehungsweise Ihre Partnerin – trägt allein die Verantwortung für das Familieneinkommen? Sie haben einen größeren Immobilienkredit? In solchen Fällen ist eine Risikolebensversicherung wichtig. Sie sichert das Sterberisiko ab und zahlt im Todesfall der versicherten Person eine vorher vereinbarte Summe aus. Im ohnehin tragischen Fall, dass ein Angehöriger stirbt, sind dann zumindest die entstehenden finanziellen Risiken minimiert. Hinterbliebene können die Versicherungssumme nutzen, um ihr Leben weiterhin zu bestreiten oder Kredite abzulösen. Das gilt auch für unverheiratete Paare, die außerdem nicht einmal einen Hinterbliebenenschutz aus der gesetzlichen Rentenversicherung bekommen.

Die Versicherungssumme sollte das Drei- bis Fünffache Ihres Jahreseinkommens absichern. Für die Leistungen sind die Beiträge relativ günstig. Prüfen Sie dennoch die Angebote gut, denn eine teure Versicherung kann dreimal mehr kosten als eine günstige, und das bei weitgehend gleichen Leistungen. Unter test.de/risikolebensversicherung lesen Sie mehr dazu.

Auslandskrankenversicherung: Wer als Mitglied einer gesetzlichen Krankenversicherung ins Ausland reist – und sei es nur nach Österreich oder in die Niederlande –, braucht eine Auslandskrankenversicherung. Der Grund: Die gesetzliche Krankenversicherung übernimmt bei Behandlungen im Ausland häufig nicht alle Kosten und einen Rücktransport aus dem Ausland zahlt sie gar nicht. Solche Kosten können schnell in die

Zehntausende Euro gehen. Eine gute Auslandskrankenversicherung dagegen gibt es bereits für weniger als 10 Euro pro Jahr – es gibt also keinen Grund, hier zu zögern. Wer privat krankenversichert ist, sollte prüfen, welche Leistungen im Ausland im Tarif enthalten sind. Manchmal fehlt der Rücktransport. Außerdem sparen sich Privatversicherte bei Erkrankung im Ausland durch eine Reisekrankenversicherung den Selbstbehalt, den sie sonst oft in ihrer privaten Krankenversicherung zahlen.

Grundsätzlich gilt beim Thema Versicherungen: Überlegen Sie genau, welche unerwarteten Ereignisse Ihr Leben durcheinanderwirbeln und Sie in existenzielle finanzielle Schwierigkeiten bringen könnten. Nur diese müssen Sie versichern. Alles andere können, aber müssen Sie nicht versichern. Ein verlorenes oder gestohlenes Handy lässt sich wahrscheinlich aus den Rücklagen ersetzen, die Versicherung gegen Handyverlust können Sie sich daher in den meisten Fällen sparen. Das Gleiche gilt für eine Brillenversicherung: Wenn Sie sich damit besser fühlen – fein. Unbedingt nötig ist sie sicherlich nicht. Solche Vorkommnisse sind zwar ärgerlich und belasten Ihren Geldbeutel, aber sie stellen kein existenzielles Risiko dar.

Tipp: Eine Übersicht der Stiftung Warentest, welche Versicherungen in welcher Lebensphase sinnvoll sind, können Sie unter test.de/versiche rungscheck kostenlos abrufen.

Sparen fürs Finanzpolster

Es klingt erst einmal banal und ist doch ein wichtiger Baustein beim Vermögensaufbau: die gute alte Sparsamkeit. Nur Geld, das Sie nicht ausgeben, kann für Sie arbeiten.

Die Werbung will uns einreden, wir könnten sparen, indem wir Geld ausgeben – etwa, indem wir eine Jacke kaufen, die von 120 auf 80 Euro reduziert ist. Unverblümt gesagt, ist das Unsinn, denn am Ende sind immer noch 80 Euro weniger auf dem Konto als vorher.

In diesem Kapitel geht es um das Sparen der anderen Art – um ein langweiliges, aber hoch effektives Prinzip: nämlich darum, jeden Monat Geld beiseitezulegen und damit langfristig ein Finanzpolster aufzubauen, das dicker ist als der Notgroschen auf dem Tagesgeldkonto. Das funktioniert am besten dann, wenn man nicht unnötig Geld ausgibt – also etwa bei notwendigen Anschaffungen nach Sonderangeboten schaut. Sinnvolles Sparen bedeutet jedoch noch mehr. Hier kommt es darauf an, über längere Zeit dranzubleiben. Nur dann profitieren Sie vom erwähnten Zinseszinseffekt: Mit jedem Monat oder jedem Jahr erhalten Sie Zinsen auf Ihr Erspartes – oder Dividenden, falls Sie einen Teil Ihres Geldes in Aktien investieren. Diese Zahlungen bleiben auf dem Konto, sodass Sie nächstes Mal Zinsen auf eine etwas höhere Summe erhalten. Und so weiter.

Zugegeben, konsequentes Sparen ist nicht leicht. Schließlich locken überall in der Werbung Angebote, die uns dazu verleiten wollen, Geld auszugeben. Mit Methoden für effektives Sparen fällt es leichter, wirklich Geld zurückzulegen. Hier sind drei davon:

Die 50-30-20-Regel. Diese Methode haben zwei Frauen, die US-Politikerin Elizabeth Warren und ihre Tochter Amelia Warren Tyagi, bekannt gemacht. In ihrem 2005 erschienenen Buch „All your worth" stellen sie eine einfache Regel zur Aufteilung der monatlichen Ausgaben auf. Die Hälfte der Monatseinnahmen (50 Prozent) ist für unvermeidbare Ausgaben reserviert. Dazu gehören Miete, Lebensmittel, Versicherungen, Strom, Wasser und Transportkosten. 30 Prozent der Einnahmen stehen für wünschenswerte Ausgaben zur Verfügung, also nicht lebensnotwendige, aber angenehme Dinge wie Restaurantbesuche, Hobbys, Unterhaltung oder Shopping. Der restliche Anteil (20 Prozent) ist für die finanzielle Zukunft gedacht. Er beinhaltet Ersparnisse, Investitionen und die Tilgung von Schulden. Die Prozentsätze können Sie anpassen. Singles, die in einer teuren Großstadt leben und eine relativ hohe Miete zahlen, werden vielleicht 60 oder 70 Prozent für Lebensnotwendiges aufwenden und die beiden anderen Bereiche verringern müssen. Trotzdem bleibt die Grundidee, sich jeden Monat feste Ziele für jeden der drei Bereiche zu setzen. Beispiel: Bei einem monatlichen Nettoeinkommen von 2000 Euro sieht die Aufteilung nach der 50-30-20-Methode so aus: 1000 Euro für Notwendiges, 600 Euro für Wünsche und 400 Euro für Sparen oder Schuldenabbau.

Die Bargeldmethode. Diese Methode können Sie allein einsetzen oder die 50-30-20-Regel mit ihr ergänzen. Sie ist vor allem eine wirksame

Maßnahme gegen Spontankäufe. Die Idee: Sie setzen sich jeden Monat ein festes Budget für die wichtigsten laufenden Ausgaben: Lebensmittel, Drogerieartikel, Kleidung und Kleinigkeiten zwischendurch. Diese Beträge stecken Sie am Anfang des Monats in Briefumschläge. Zum Einkaufen nehmen Sie Geld aus dem Umschlag mit. Ist der Umschlag leer, haben Sie Ihr Budget ausgereizt. Dann heißt es, entweder aus einem anderen Umschlag umzuschichten oder den Notgroschen anzuzapfen und im nächsten Monat zu schauen, ob Sie die Budgets anders aufteilen sollten.

Das Haushaltsbuch. Diese Methode hilft bei der Umsetzung der beiden ersten Ansätze, kann die Bargeldmethode aber auch ersetzen. Die Grundidee ist, alle, wirklich alle Ausgaben übersichtlich aufschreiben, und zwar möglichst mühelos. Ob Ihnen das auf Papier, am Computer oder im Handy am leichtesten fällt, können Sie einfach ausprobieren. Es gibt Handy-Apps, die sich mit dem Girokonto verbinden lassen und einen Teil der Ausgaben automatisch in die richtigen Kategorien einordnen. Das kann praktisch sein. Das Geheimnis dieser Methode ist das lückenlose Aufschreiben. Notieren Sie am besten jeden Abend die Ausgaben des Tages. Gehen Sie zu Beginn einmal die Kontoauszüge eines Jahres durch, um keine Abbuchungen zu übersehen.

Alle drei Methoden helfen dabei, das verfügbare Geld so einzuteilen, dass jeden Monat eine Sparrate aufs Konto wandern kann. Ein Haushaltsbuch hilft Ihnen zuverlässig, Geldfresser zu finden. Das können Versicherungen sein, die Sie nicht mehr benötigen, Abos, an denen Ihnen nichts mehr liegt, oder Mitgliedsbeiträge für Vereine, in denen Sie nicht mehr aktiv sind.

SOSALLA SAGT: „Wenn Sie auf diese Weise Ihre Finanzen im Griff haben, sind Sie gerüstet für viele Wechselfälle des Lebens. Die kommen oft von ganz allein. Hauptsache, Sie sind gut vorbereitet."

03

Pläne schmieden: Finanzplanung für besondere Lebensphasen

Das Singledasein und das liebe Geld

Wer allein lebt, hat höhere Kosten als jemand, der sich den Haushalt mit anderen teilt. Mit kleinen Maßnahmen können Sie diesen Nachteil zumindest minimieren, auch wenn das nicht ganz einfach ist.

In Deutschland leben immer mehr Menschen allein, im Jahr 2024 war das laut Statistischem Bundesamt mit rund 20 Prozent jeder Fünfte. Damit liegen wir deutlich über dem EU-Durchschnitt von 16,1 Prozent. Nur in Skandinavien und in Estland waren im EU-Vergleich noch mehr Menschen Singles. Das Alleinleben hat unbestritten viele Vorteile. Wenn man jedoch auf die Kosten blickt, sieht das anders aus: Singles müssen ihre Miete allein stemmen, und zwar in einer kleineren Wohnung, die relativ gesehen in der Regel einen höheren Quadratmeterpreis hat. Sie müssen ihre vier Wände allein heizen, ihre GEZ-Gebühren sowie ihre Versicherungen bezahlen. Sie können sich kein Streamingdienst-Abo mit jemandem teilen und müssen ihre Waschmaschine sowie ihr Auto allein finanzieren. Sogar Lebensmittel schlagen bei Singles höher zu Buche, weil große Familienpackungen in der Regel günstiger sind als kleinere Einheiten. Auf Reisen zahlen sie im Hotel für ein Einzelzimmer fast den gleichen Preis wie Paare fürs Doppelzimmer – wenn nicht gar mehr. Die Liste ließe sich beliebig fortsetzen. Singlesein hat einen Preis, im Englischen nennt man das die „Singles-Tax", also eine Steuer für Alleinstehende. Das ist natürlich keine offizielle Steuer, sondern nur ein Ausdruck für die höheren Kosten, die Alleinstehende auf vielen Ebenen haben.

Steuern bei Alleinlebenden

Hinzu kommt, dass der Fiskus bei Alleinlebenden kräftig zulangt, denn Ehe und eingetragene Partnerschaften werden in Deutschland steuerlich bevorzugt. Sie sind als Single, wenn Sie angestellt sind, zwangsläufig in der Steuerklasse 1 und müssen abhängig von Ihrem Einkommen relativ viel Steuern zahlen. Die Organisation für wirtschaftliche Zusammenarbeit und Entwicklung (OECD) fand in einer Studie heraus, dass die Einkommenssteuerlast für Ledige in Deutschland neben Belgien und Litauen mit 37,4 Prozent (Stand 2023) besonders hoch ist. Die Sozialabgaben kommen noch obendrauf. Am Ende bezahlen Singles in Deutschland 47,9 Prozent ihres Einkommens als Steuern und Sozialabgaben. Aber warum werden Ehepaare steuerlich so stark begünstigt? Der Staat geht davon aus, dass sich zwei Menschen, die finanziell füreinander Verantwortung übernehmen, gegenseitig absichern. In der Ehe kommt im Notfall der eine für den anderen auf, der dem Staat so weniger auf der Tasche liegt. Außerdem geht man hierzulande immer noch davon aus, dass in einer Ehe Kinder geboren werden – und die sind nun einmal die Zukunft eines Landes, nicht nur ideell, sondern auch als künftige Steuerzahlerinnen und Mitglieder unserer solidarischen Sozialsysteme. Diese Sicht ist zwar ein bisschen veraltet und hat mit der Realität immer weniger zu tun. Das ändert aber nichts an alten Regelungen und Gesetzen.

Gegen die höheren Kosten des Singlelebens gibt es kein Allheilmittel, aber einen einfachen Weg, zumindest etwas Geld zurückzubekommen: Machen Sie eine Steuererklärung. Angestellte müssen das nicht unbedingt tun, Selbstständige erstellen sie ohnehin. Wer freiwillig eine Steuererklärung abgibt, kann in den meisten Fällen mit einer Steuererstattung vom Finanzamt rechnen. Durchschnittlich gibt es eine Erstattung von über 1000 Euro. Es lohnt sich, die zu erwartende Erstattung vorher mit einem Steuerrechner aus dem Internet auszurechnen, denn in seltenen Fällen kann eine Nachzahlung auf Sie zukommen. Ein Faktor ist der sogenannte Grundfreibetrag. Er wird regelmäßig angepasst und ist in allen Steuerklassen gleich: Erst ab einem Einkommen von 12 096 Euro pro Jahr (Stand 2025) müssen Sie überhaupt Steuern zahlen. Wenn Sie mehr verdienen, überprüfen Sie, ob Sie Werbungskosten wie Fahrtkosten, Fachliteratur oder Ähnliches geltend machen und so Ihre Steuerlast senken können.

Mehr Geld für Alleinlebende

Die finanzielle Benachteiligung des Alleinlebens hat weitreichende Folgen: Vor allem in Großstädten wird es immer schwieriger, bezahlbaren Wohnraum zu finden. Auch steigende Energiepreise und Lebenshaltungskosten erschweren es Singles, über die Runden zu kommen. Das hat Auswirkungen auf den langfristigen Vermögensaufbau. Denn wenn immer weniger zum Leben bleibt, woher sollen dann die Reserven für Notgroschen und Rücklagen für die Altersvorsorge herkommen?

DOCH DAMIT GENUG mit den schlechten Nachrichten. Denn auch Singles können sparen und ihre Kosten senken. Die Frage ist: Wo lässt sich der Rotstift ansetzen, ohne dass ihre Lebensqualität leidet?

Ein großer Posten ist die Miete. Eine kleinere Wohnung ist oft eine Option. Ein Umzug ist zudem eine Gelegenheit, gründlich auszumisten und Dinge, die Sie selbst nicht mehr brauchen, anderen aber Freude machen, zu Geld zu machen. Wenn Sie eine größere Wohnung haben und behalten wollen, können Sie über eine Untervermietung nachdenken, etwa an eine Pendlerin, die nur einen oder zwei Tage in der Woche in Ihrer Stadt ist. Vielleicht finden Sie so sogar nette Gesellschaft. Zugegeben, das sind ganz schön große Themen – aber sie sind gar nicht so abwegig, immerhin ist Einsamkeit für eine wachsende Zahl Menschen in Deutschland ein Thema. Auch ein zeitweises Überlassen Ihrer Wohnung an Menschen, die in Ihrer Region oder Stadt Urlaub machen, kann etwas Geld in die Haushaltskasse spülen. Allerdings sollten Sie vorher klären, ob Ihr Mietvertrag diese Optionen erlaubt.

Ansonsten gelten die üblichen Spartipps. Senken Sie Ihren Wasserverbrauch, sparen Sie Energie beim Kochen, indem Sie die Nachwärme nutzen, lassen Sie nicht unnötig Licht brennen, wenn Sie nicht im Zimmer sind, benutzen Sie Energiesparlampen und fahnden Sie generell nach Stromfressern im Haushalt. Auch beim Einkauf lässt sich sparen. Im Supermarkt finden sich immer öfter Produkte, die stark reduziert sind, weil ihr Mindesthaltbarkeitsdatum (MHD) erreicht oder abgelaufen ist. Diese Waren sind aber dennoch noch gut. Im Internet existieren Listen, welche Produkte wie lange nach Ablauf des Mindesthaltbarkeitsdatums noch verwertbar sind – heften Sie sich diese an den Kühlschrank und stecken Sie die gesparten Euro ins Sparschwein! Wussten Sie, dass viele Blätter an den Gemüsen, die wir üblicherweise auf dem Speiseplan haben, essbar sind und dass Sie aus ihnen eigene Gerichte kochen können? Wenn Sie daraus leckere grüne Smoothies oder eine Paste zubereiten, machen Sie nicht nur neue kulinarische Entdeckungen – sondern behalten auch mehr Geld im Portemonnaie. Die Preise für Restaurantbesuche sind in den letzten Jahren stetig gestiegen. Kochen macht nicht nur Spaß, sondern senkt auch noch die Ausgaben. Ein weiterer klassischer Tipp zum Sparen ist, Impulskäufe zu vermeiden. Wenn Ihnen etwas gefällt, schlafen Sie eine Nacht drüber und fragen Sie sich, ob Sie es wirklich brauchen. Auch das Einkaufen mit Einkaufsliste entlastet den Geldbeutel.

Wir arbeiten immer flexibler, können online und remote arbeiten – und haben dafür oft keinen guten Platz in der eigenen Wohnung. Wie wäre es, den zwar schicken, aber leider teuren Platz im Co-Workingspace aufzugeben und stattdessen die örtliche Bibliothek zum Arbeitsplatz zu machen? Hier treffen Sie auf interessante Menschen und können sich über das gesparte Geld freuen.

Wer eine gute Nachbarschaft hat, kann sich vieles teilen. Das beginnt bei Abonnements von Zeitungen, geht über Werkzeuge, die man selten braucht, und reicht bis hin zum Haustier. In jeder Stadt gibt es zahlreiche kostenlose Kultur- und Sportangebote. Mit ein bisschen Suche finden Sie Rabatte, die an bestimmten Tagen gelten, oder Termine, an denen der Eintritt in Museen und Ähnlichem frei ist. Im See zu schwimmen ist günstiger als der Besuch im Freibad und ein Urlaub mit Fahrrad und Zelt ist billiger als eine Städtereise mit Hotel. All das muss man natürlich mögen. Aber es sind sinnvolle Maßnahmen, wenn Sie ein höheres Ziel verfolgen: Ihre finanzielle Unabhängigkeit und Sicherheit. Es ist nicht notwendig, sofort sein ganzes Leben auf den Kopf zu stellen. Es kann schon viel bringen, ein paar Gewohnheiten zu ändern. Es dauert in der Regel eine gewisse Zeit, bis das Gehirn sich an die Neuerungen gewöhnt hat. Sie brauchen dafür ein bisschen Durchhaltevermögen. Planen Sie etwa drei Monate ein, bis die Belohnung spürbar ist. Aber wenn am Ende ein dickes Plus im Depot steht, wissen Sie, wofür Sie es getan haben.

REDEN SIE ÜBER GELD! In Deutschland ist Geld immer noch ein Tabuthema. Wir sprechen kaum mit anderen darüber, was wir verdienen, wie wir unser Geld anlegen oder wie viel wir wofür ausgeben.

Andere Länder sind da anders. In Norwegen etwa kann jeder die Steuererklärung seines Nachbarn sehen und das ist überhaupt kein Problem. In den USA kann es Ihnen passieren, dass Sie die Adresse eines neuen Bekannten in eine Suchmaschine eingeben – und plötzlich sehen Sie, welche Hypothek auf seinem neu gekauften Ferienhäuschen lastet. Nicht so hierzulande. Wir schlagen bei Finanzthemen oft den Flüsterton an. Fangen Sie persönlich an, dies zu verändern. In Gesprächen bekommen Sie ein besseres Gefühl dafür, wie andere mit ihrem Geld umgehen, und können einschätzen, was anderen wie viel wert ist. Vielleicht bekommen Sie auch gute und originelle Spartipps und lernen Neues. Den spitzen Bleistift anzusetzen ist gemeinsam und im Austausch mit anderen sicher interessanter, als allein vorm Haushaltsbuch zu sitzen.

Finanzen in Ehe und Familie

Sie sind verheiratet oder planen, demnächst den Bund fürs Leben zu schließen? Das ist großartig. Allerdings ist die Ehe nicht nur eine Frage der Liebe. Auch rechtlich ändert sich dadurch einiges für Sie.

Für die meisten ist eine Heirat wohl eine romantische Entscheidung. Allerdings – und das klingt jetzt ein bisschen nach Spielverderb – ist die Ehe neben der Bestätigung großer Gefühle in erster Linie eine rechtlich abgesicherte Form des Zusammenlebens, die Rechte und Pflichten mit sich bringt. Der Staat fördert die Ehe steuerlich, weil er die Verantwortung, die zwei Menschen füreinander übernehmen, unterstützen möchte. Wer sich vor dem Gesetzgeber das Jawort gibt, verspricht sich nicht nur gegenseitig ewige Liebe, sondern auch, füreinander zu sorgen. Das bedeutet weit mehr, als morgens den Kaffee ans Bett zu bringen oder einen Tee zu kochen, wenn der oder die Liebste krank ist. Es bedeutet, wirtschaftlich füreinander einzustehen.

Diese Verpflichtung belohnt der Staat mit dem sogenannten Ehegattensplitting. Das bringt vor allem dann steuerliche Vorteile, wenn ein Partner viel und der andere wenig verdient. Eine Heirat kann pro Jahr bis zu 10 000 Euro mehr an verfügbarem Einkommen bringen. Ein weiterer Vorteil ist die Mitversicherung in der gesetzlichen Krankenversicherung (GKV). Allerdings geht das nur, wenn einer der Partner nicht mehr als 535 Euro im Monat verdient, beziehungsweise bei einem Minijob bis zu 556 Euro (Stand 2025).

Suchen Sie in einer Partnerschaft unbedingt das Gespräch darüber, wie Sie jeweils mit Geld umgehen. Was bedeutet Geld für Sie, was für den Partner? Geben Sie es gern aus, wenn Sie welches haben? Oder halten Sie es lieber zusammen und kaufen nur das Nötigste? Das jeweilige Verhältnis zu Geld kann unsere Partnerschaften stark beeinflussen. Sind Sie mit einem Menschen zusammen, der im Gegensatz zu Ihnen nicht gern vorausplant, gibt es möglicherweise bei der Altersvorsorge Probleme. Wenn Sie in der Partnerschaft zusammen wirtschaften, geschieht das am besten im Konsens. Besprechen Sie alle Interessen und Vorlieben und investieren Sie entsprechend. Reden ist Silber, sich aktiv mit Geld auseinanderzusetzen ist Gold.

Welcher Güterstand ist der Richtige?

Oft wissen Paare nicht genau, was die Eheschließung rechtlich in allen Konsequenzen bedeutet – meist wird das erst im Fall einer Trennung relevant. Das Bundesjustizministerium hat eine kostenlose Broschüre mit dem Titel „Das Eherecht" herausgegeben, in der Sie viele Details finden und die Sie kostenlos von der Website bmj.de herunterladen können.

Wenn Sie heiraten und nichts weiter vereinbaren, treten Sie automatisch in den Güterstand der Zugewinngemeinschaft ein. Das bedeutet, dass alles, was in der Ehe gemeinsam erwirtschaftet wird, als sogenannter Zugewinn betrachtet und im Falle einer Scheidung fair durch zwei geteilt wird. Vermögen, das Sie eingebracht, also schon vor der Eheschließung besessen haben, bleibt Ihr Eigentum. Vermehrt es sich allerdings im Laufe der Jahre, müssen Sie die Erträge mit Ihrem Ex-Partner/Ihrer Ex-Partnerin teilen. Schenkungen oder eine geerbte Immobilie gehören ebenfalls Ihnen. Aber Achtung: Sollte Omas Häuschen in der Zwischenzeit seinen Wert gesteigert haben, wird auch dieser Zuwachs geteilt.

Eine andere Möglichkeit des Güterstands ist die Gütertrennung. Dabei vereinbaren die Partner von Anfang an, dass sie getrennt wirtschaften. Das hat jedoch vor allem für Frauen häufig Nachteile etwa beim Vermögensaufbau, wenn Sie als Mutter beruflich zurückstecken und eine so verursachte Ungleichheit im Fall einer Trennung nicht wie bei der Zugewinngemeinschaft ausgeglichen wird.

Ist ein Partner oder eine Partnerin selbstständig, müssen Sie sich besonders mit Ihrem Güterstand auseinandersetzen. Am besten besprechen Sie schon vor der Heirat, wie mit Firmenvermögen umgegangen wird. Ob es etwa aus der Zugewinngemeinschaft ausgenommen wird, damit im Fall einer Trennung nicht das Unternehmen aufgelöst werden muss. Alternativ können Sie einen Ehevertrag schließen und diese Fragen klären.

Einer der Vorteile der Ehe ergibt sich beim Erben: Eheleute haben größere Freibeträge bei Erbschaften, sie sind im Todesfall des Partners besser abgesichert. Auch bei der Schenkungssteuer genießen Ehepaare Vorteile. Unter bestimmten Umständen haben die Hinterbliebenen Anspruch auf eine Hinterbliebenenrente, was finanzielle Härten abmildern kann.

Freibeträge für Schenkungen und Erbschaften

Je nach Verwandtschaftsgrad gelten verschieden hohe Freibeträge bei Schenkungen und Erbschaften. Bei Übertragungen von Eltern auf Kinder oder Großeltern auf Enkel greifen hohe Freibeträge. Nur was darüber hinausgeht, ist zu versteuern.

Verwandtschaftsverhältnis	Allgemeiner Freibetrag (Euro)	Versorgungsfreibetrag [1] (Euro)	Freibetrag für Hausrat (Euro)	Freibetrag für andere Güter [2] (Euro)
Steuerklasse I				
Ehegatten, eingetragene Lebenspartner	500 000	256 000	41 000	12 000
Kinder, Stiefkinder, Adoptivkinder, Kinder verstorbener Kinder	400 000	10 300 – 52 000 [3]	41 000	12 000
Andere Enkel und Stiefenkel	200 000	0	41 000	12 000
Urenkel	100 000	0	41 000	12 000
Eltern, Groß- und Urgroßeltern [4]	100 000	0	41 000	12 000
Steuerklasse II				
Geschwister, Nichten und Neffen, Schwiegerkinder und -eltern, Stiefeltern, geschiedene Ehegatten, Partner einer aufgehobenen Lebenspartnerschaft	20 000	0	12 000 [5]	
Steuerklasse III				
Onkel, Tanten, Lebensgefährten, Nachbarn, Freunde und andere	20 000	0	12 000 [5]	

1) Gilt nur für Erbschaften, allerdings mindert sich der Versorgungsfreibetrag um den Kapitalwert von Hinterbliebenenrenten.
2) Zum Beispiel für Autos, Wohnmobile oder Boote; nicht etwa für Goldbarren, Münzen, Briefmarken.
3) Kinder bis 5 Jahre 52 000 Euro, bis 10 Jahre 41 000 Euro, bis 15 Jahre 30 700 Euro, bis 20 Jahre 20 500 Euro, bis 27 Jahre 10 300 Euro.
4) Nur bei Erbschaften Steuerklasse I, bei Schenkungen Steuerklasse II mit den dort geltenden Freibeträgen.
5) Zusammengefasster Freibetrag für Hausrat, Wäsche, Bekleidung und andere bewegliche Güter.

Ehevertrag: Ja oder nein?

Im Grunde schließen Sie mit dem Ja-Wort einen Vertrag, denn im Fall einer Scheidung regelt das Bürgerliche Gesetzbuch viele der Folgen. Da geht es um das obligatorische Trennungsjahr, wer wem Unterhalt schuldet und wie das gemeinsame Vermögen und der Besitz aufgeteilt werden. Sie haben das Gefühl, dass diese Regelungen für Sie und Ihre Lebenssituation passen? Dass es im Fall einer Trennung gerecht und fair zugehen wird? Dass Sie beide gut abgesichert sind? Dann brauchen Sie keine weiteren Regelungen zu treffen. Wenn Sie jedoch den Eindruck haben, dass Ihnen Nachteile entstehen könnten, sollten Sie über einen Ehevertrag nachdenken.

SOSALLA SAGT: „Es kann schwierig sein, in der romantischen Phase einer Beziehung einen Ehevertrag vorzuschlagen. Doch halten Sie sich vor Augen: Es kann ein weitsichtiger und verantwortungsvoller Schritt sein, mit dem Sie Ihre Beziehung auf eine gute Grundlage stellen."

Möglicherweise haben Sie gemeinsam entschieden, dass einer oder eine von Ihnen der Kinder wegen beruflich kürzertritt. Expertinnen raten, sich Ausfallzeiten oder Einkommenseinbußen, die etwa durch Teilzeitarbeit wegen der Kinder entstehen, in irgendeiner Form vom Partner ausgleichen zu lassen und in einem notariell beglaubigten Vertrag zu regeln. Denn nach der Reform des Unterhaltsrechts 2008 sind Menschen, die sich um andere gekümmert haben, verpflichtet, wieder Vollzeit einer Erwerbsarbeit nachzugehen, sobald das jüngste Kind drei Jahre alt ist. Nur in Ausnahmefällen oder für begrenzte Übergangszeiten könnten Sie dann einen Unterhaltsanspruch haben, etwa wenn Kinder durch Krankheit einen erhöhten Betreuungsbedarf haben oder die Ehe sehr lange bestanden hat. Wer länger für seine Kinder da sein will und das mit dem Partner beziehungsweise der Partnerin so vereinbart, sollte privat entsprechende Regelungen treffen. Das verhindert ein böses Erwachen im Trennungsfall. Meist ist ein Hauptstreitpunkt, wie die unbezahlte Arbeit der Person, die sich mehr um die Kinder oder um die alten Eltern gekümmert hat, abgegolten beziehungsweise ausgeglichen wird. Dabei ist oft schon die Wahrnehmung verschieden, wer wie viel in welchem Bereich geleistet hat. Deshalb sind Absprachen darüber in guten Zeiten und gegenseitiger Anerkennung viel wert.

In manchen Fällen ist ein Ehevertrag dringend anzuraten oder gar notwendig. Das gilt beispielsweise, wenn ein Partner selbstständig ist oder

Quelle: Erbschaftsteuer- und Schenkungsteuergesetz (ErbStG)

ein Unternehmen besitzt. Gleiches gilt, wenn einer von beiden ein großes Vermögen mitbringt. Auch wenn in Ihrer Partnerschaft oder Ehe ungleiche Einkommensverhältnisse bestehen – und das ist den meisten Fällen in Deutschland immer noch der Fall –, kann ein Ehevertrag sinnvoll sein. Darin könnte beispielsweise vereinbart werden, dass der Partner beziehungsweise die Partnerin mit dem höheren Verdienst für den anderen in eine private Rentenversicherung einzahlt. Oder dass – die entsprechenden finanziellen Mittel vorausgesetzt – eine (vermietete) Wohnung angeschafft wird. Das hätte den Vorteil, dass der Kredit von den Mietern abgezahlt wird, während Eigentum entsteht, das im Ernstfall sogar als eigene Bleibe dienen kann.

Für den Ehevertrag entstehen Kosten, die nicht unerheblich sein können. Eine strittige Scheidung ist aber in jedem Fall deutlich teurer. Grundsätzlich gilt: Je früher Sie den Ehevertrag abschließen, desto besser ist es. Denn die Kosten für den Notar richten sich nach dem vorhandenen Guthaben. Und da am Anfang eines gemeinsamen Lebens in der Regel noch nicht so viel Vermögen oder Werte vorhanden sind, bleiben die Kosten im Rahmen. Außerdem: Ist das leidige Thema erst mal erledigt, können Sie sich in aller Ruhe den schönen Seiten des Zusammenlebens widmen. Und sollte sich Ihre familiäre oder berufliche Situation im Lauf des Lebens verändern, können Sie den Vertrag anpassen. Mehr dazu finden Sie in dem Ratgeber „Der Ehevertrag" der Stiftung Warentest.

Über einen finanziellen Ausgleich im Fall einer Trennung zu sprechen ist kein einfaches Thema, vor allem dann nicht, wenn der Himmel noch voller Geigen hängt. Manche Partner empfinden es schon als Misstrauensvotum, das Thema auch nur anzusprechen. Entsprechend kompliziert kann es sein, darüber ins Gespräch zu kommen. Bevor Sie sich jedoch an jemanden binden, ist eine Diskussion über solche Fragen eigentlich unerlässlich. Dabei bekommen Sie auch ein gutes Gespür dafür, ob Sie sich aufeinander verlassen können und wie Sie jeweils die gegenseitige Verantwortung interpretieren und wahrnehmen wollen.

Was ist das Beste für die Kinder?

Wer gemeinsame Kinder hat, möchte sie in der Regel absichern, Geld für ihre Ausbildung ansparen und ihnen vielleicht mit einer kleinen Finanzspritze einen guten Start in ein eigenständiges Leben ermöglichen. Dafür reicht es schon, wenn Sie ab der Geburt der Kinder kleine Beträge regelmäßig zurücklegen. Aber wie und wo? Die Deutschen legen immer noch sehr viel Geld in bequemen und vermeintlich sicheren Sparplänen sowie Versicherungen an. Allerdings haben die Banken und Vertreter durch die Provisionen oft mehr von diesen Finanzprodukten als Sie. Wählen Sie für Ihren Nachwuchs besser eine langfristige und profitable Geldanlage, etwa mit dem Pantoffel-Portfolio der Stiftung Warentest (siehe „Einfach anlegen: Das Pantoffel-Portfolio“, S. 101). Gerade wenn Sie Geld für Kinder anlegen, lohnt sich das langfristige Investieren an der Börse. Ab der Geburt haben Sie viel Zeit, das Geld für sich und die lieben Kleinen arbeiten zu lassen. Schlechte Börsenphasen können Sie einfach aussitzen. Schon wenn Sie einen kleinen Teil des Kindergeldes, zum Beispiel 20 Euro, regelmäßig in einen ETF investieren, kommt am Ende ein erkleckliches Sümmchen dabei heraus.

GROSSELTERN, PATEN ODER ANDERE VERWANDTE schenken eine größere Summe? Dann lohnt es sich, zumindest einen Teil davon nicht in Konsumgüter, sondern in die Geldanlage der Kinder zu stecken. Die können sich dann später davon größere Wünsche erfüllen, ohne selbst mühsam sparen zu müssen. Viele Großeltern legen jahrelang Geld für die Enkel an – auch für sie gibt es gute Tipps, wie sie das am rentabelsten tun können.

Wer langfristig denkt und sicher ist, dass er das Geld zwischendurch nicht braucht, kann mit einem ETF-Sparplan meist eine höhere Rendite erreichen als mit einem Tages- oder Festgeld. Die Stiftung Warentest empfiehlt einen Sparplan auf Weltaktien-ETF, etwa auf den globalen Aktienindex MSCI World. Es gibt Tausende Angebote, aber nicht alle sind für das langfristige Sparen für Kinder geeignet. Empfehlungen für ETF-Sparpläne finden Sie im Serviceteil ab S. 150. Sie müssen wieder ein paar Entscheidungen treffen: Schließen Sie den Plan bei einer Filial- oder Direktbank ab oder wählen Sie einen Onlinebroker, auch Neobroker genannt? Im günstigsten Fall bezahlen Sie für den ETF-Sparplan dauerhaft weder Depot- noch Ausführungskosten.

Die Stiftung Warentest hat die Sparplanangebote von 24 Banken und Brokern verglichen und Topangebote mit besonders vorteilhaften Konditionen gefunden. Die meisten Anbieter bieten ETF-Sparpläne schon ab Monatsraten zwischen 10 und 25 Euro an. Bei einigen können Sie sogar schon bei 1 Euro mit dem Sparen beginnen. Den Vergleich finden Sie unter test.de/etf-sparplan (kostenpflichtig). Überlegen Sie, ob das Depot auf Ihren Namen oder auf den des Kindes laufen soll. Beides hat Vor- und Nachteile. So kann das Kind seinen eigenen Freibetrag für Zinserträge nutzen und Sie müssen nicht Ihren verwenden. Andererseits kann das Kind ab seiner Volljährigkeit frei über das Geld verfügen, sollte es in seinem Namen angelegt sein. Sie haben dann keine Kontrolle mehr darüber, was es mit dem Kapital macht.

Geschieden und alleinerziehend

Wer plötzlich allein und eventuell dazu noch alleinerziehend ist, steht vor anderen Herausforderungen als in einer Partnerschaft – im Alltag und meistens auch finanziell.

Nun ist es passiert: Sie sind getrennt, eine Scheidung steht an oder ist schon vollzogen. Die Scheidungsrate sinkt zwar seit Anfang der 2000er-Jahre kontinuierlich, dennoch kam im Jahr 2023 auf drei Eheschließungen eine Scheidung. Auffällig ist, dass Ehen mittlerweile länger halten. Im Schnitt gehen Paare heutzutage nach knapp 15 Jahren auseinander, viele Ehen werden sogar erst nach 26 Jahren und mehr beendet.

Eine Scheidung hat erhebliche finanzielle Folgen. Tatsache ist, dass Frauen danach in der Regel finanziell schlechter dastehen als Männer. Das gilt zumindest für diejenigen, die während der Ehe weniger verdient haben. Zwar übernehmen immer mehr junge Männer Familienaufgaben. Der Anteil der jungen Väter, die Elternzeit nehmen und Elterngeld beziehen, steigt seit Jahren und lag 2024 laut Statistischem Bundesamt bei 26,2 Prozent. Allerdings tun die Väter dies meist nur für ein paar Monate, in denen das Baby noch klein ist. Langfristige Einkommenseinbußen über den gesamten Lebensverlauf entstehen ihnen dadurch selten. Trotz vielfältiger Versuche von Paaren, mehr Gleichberechtigung in der Aufteilung der Erwerbs- und Familienarbeit zu schaffen, scheint das nicht recht zu gelingen: So planten Frauen 2023 wegen der Kinder eine Auszeit von 14,8 Monaten, Männer dagegen nur 3,7 Monate.

Wenn der erste Schmerz – oder auch die Freude – über das Ende der Ehe vorbei ist, wird es Zeit, sich die eigene finanzielle Situation mit kühlem Kopf anzuschauen. Was steht Ihnen zu, worauf müssen Sie jetzt besonders achten, wer muss wem wie viel – wenn überhaupt – und wie lange Unterhalt zahlen? Und nicht zuletzt: Wie sieht es mit der Rente aus? Dieser Aspekt wird in dem ganzen Tohuwabohu gern vergessen, ist aber enorm wichtig.

Aber der Reihe nach: Wenn Sie nur kurz verheiratet waren und keine Kinder haben, ist eine Scheidung keine sehr komplizierte und auch keine teure Angelegenheit. Schaffen Sie es, mit Ihrem Ex-Partner halbwegs vernünftig zu reden, ist alles gut. Komplizierter wird es, wenn Kinder und Immobilien oder Schulden mit im Spiel sind. Dann gilt es, genau zu rechnen und am besten gemeinsam zu überlegen, wie jeder so gut wie möglich ein neues Leben beginnen kann, ohne finanziell ruiniert zu werden.

Scheidung – was jetzt?

Viele Frauen verzichten aus Rücksicht auf den Familienfrieden oder zum Wohl der Kinder auf Zahlungen, die ihnen zustehen. Scheuen Sie sich nicht, sich von unabhängiger Seite, am besten einer Anwältin für Familienrecht, beraten zu lassen. Für den kleinen Geldbeutel gibt es kostenlose Erstberatungen bei Familien- oder Frauenberatungsstellen, die einen ersten Überblick über Rechte und Pflichten nach der Trennung geben.

Im ersten Jahr nach der Trennung steht Ihnen der sogenannte Trennungsunterhalt zu. Das heißt, Sie haben ein Jahr Zeit, Ihr Leben auf eine neue Grundlage zu stellen. Das ist besonders wichtig, wenn Sie den größeren Teil der Familienarbeit geleistet, vielleicht in Teilzeit gearbeitet und somit weniger verdient haben als Ihr Ex-Partner. In Deutschland ist das immer noch die am häufigsten vorkommende Konstellation. 2023 arbeiteten 73 Prozent der erwerbstätigen Mütter mit Kindern unter sechs Jahren in Teilzeit, bei den Vätern waren es gerade mal rund 9 Prozent. Auch bei Kindern über sechs Jahren sind nur 37 Prozent der Frauen vollzeitbeschäftigt, während der Anteil der Männer mit 93 Prozent deutlich höher bleibt. Diese Zahlen sprechen für sich. Und sie haben sich in den vergangenen zehn Jahren nicht maßgeblich verändert. Soziologen sagen, dass die „Mutterschaftsstrafe" in Deutschland besonders hoch ausfällt. Sie bedeutet, dass Frauen in der Regel enorme Einkommenseinbußen über ihren gesamten Lebensverlauf haben, sobald sie Mütter werden.

Die Erwerbsverteilung hat enorme Auswirkungen im Fall einer Trennung. Im ersten Jahr der Trennung darf Ihr Lebensstandard nicht unter das gewohnte Niveau sinken. Haben Sie zum Beispiel eine sogenannte Hausfrauenehe geführt, haben Sie in dieser Zeit Anspruch auf die Hälfte des Einkommens Ihres Ex-Partners. Haben Sie etwas dazuverdient, muss die Differenz zum gemeinsamen Haushaltseinkommen ausgegli-

Mütter vs. Väter: Unterschiede im Erwerbsleben

In Deutschland ist es immer noch die am häufigsten vorkommende Konstellation, dass Frauen den größeren Teil der Familienarbeit leisten, vielleicht in Teilzeit arbeiten und somit weniger verdienen als ihr Partner. Die Zahlen sprechen für sich. Bedenken Sie, dass die Erwerbsverteilung enorme Auswirkungen auf den Unterhalt im ersten Jahr einer Trennung hat.

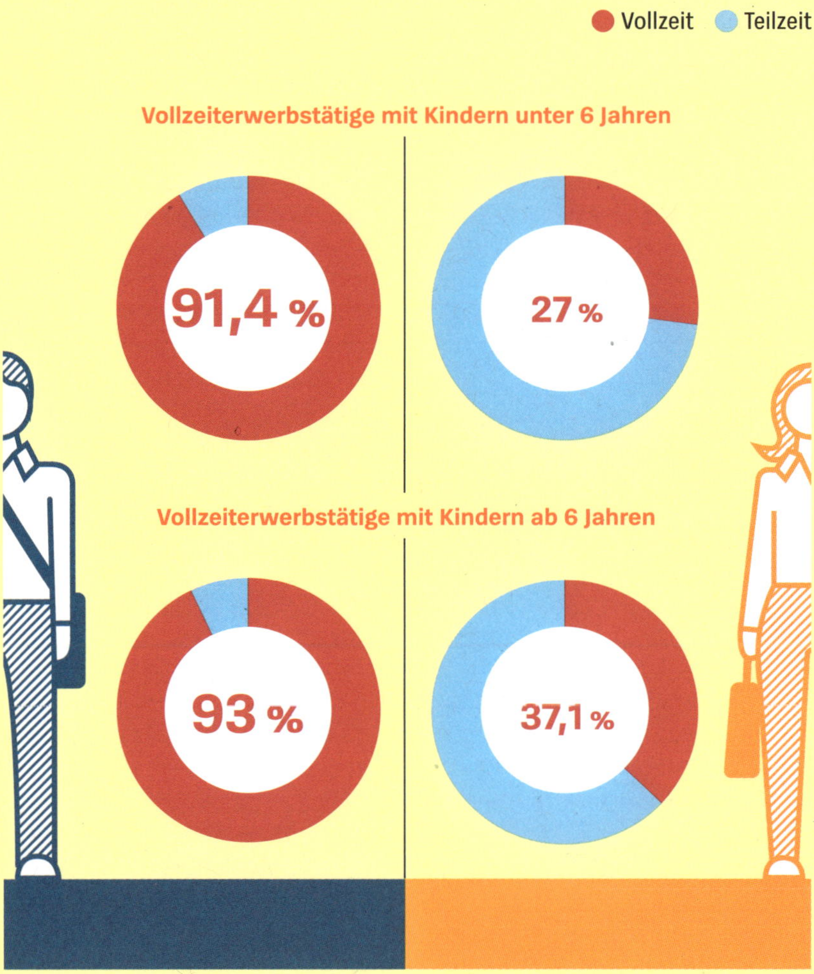

chen werden. Erst nach Ablauf des Trennungsjahres sind Sie verpflichtet, sich um eine Vollzeitstelle zu bemühen, sofern Ihr jüngstes Kind älter als drei Jahre alt ist. Es steht Ihnen frei, unabhängig von den gesetzlichen Regelungen individuelle Vereinbarungen und Lösungen mit Ihrem Ex-Partner zu finden, etwa, weil Sie nicht so schnell eine adäquate Stelle finden, Ihre Stundenzahl nicht ohne Weiteres aufstocken können oder die Betreuung der Kinder nicht zuverlässig gewährleistet ist.

Bemühen Sie sich um gute Regelungen, wer wann und wo die gemeinsamen Kinder betreut. Viele Ex-Partner versuchen, eine 50:50-Regelung zu finden. Das bringt dem Unterhaltspflichtigen Vorteile, denn sobald beide Elternteile die Kinder zu gleichen Teilen betreuen und mit ihnen zusammenleben, entfällt der Kindesunterhalt. Schauen Sie da genau hin. Alle Varianten haben Vor- und Nachteile: Sind die Kinder die Hälfte der Zeit bei Ihrem Ex-Partner, gewinnen Sie mehr Freiheiten und haben mehr Zeit für eine ausgeweitete Erwerbsarbeit sowie für die Gestaltung Ihres neuen Lebens. Gleichzeitig bekommen Sie keinen Unterhalt für die Kinder.

Mittlerweile entscheiden die Gerichte auch anders als früher. Sie haben die neuen Lebensrealitäten im Blick und weisen die Kinder nicht mehr wie früher üblich meistens der Mutter zu. Das Wechselmodell, bei dem die Kinder abwechselnd beim Vater und bei der Mutter leben, setzt sich immer mehr durch. Sind die Kinder schon größer, können sie in die Gespräche eingebunden und ihre Meinung berücksichtigt werden. Ein ständiges Hin und Her kann für die Kinder anstrengend sein, gefällt es ihnen jedoch, ist das eine gute Lösung.

AUF JEDEN FALL sind Vereinbarungen, die im Einvernehmen gefunden werden und die die Interessen und Bedürfnisse aller Beteiligten berücksichtigen, gerichtlichen Lösungen meistens vorzuziehen. Niemand kennt Sie und Ihre Familie so gut wie Sie – nutzen Sie das, um die Trennung so schmerzfrei wie möglich für alle zu gestalten.

Gleichzeitig sollten Sie nicht auf die Absicherung verzichten, die Ihnen zusteht. Leider hat sich die Erkenntnis, dass Fürsorgearbeit genauso viel wert ist wie Erwerbsarbeit, noch nicht in allen Bevölkerungsschichten durchgesetzt. Und selbst in Milieus, in denen es zumindest eine verbale Offenheit dafür gibt, ist davon oft dann nicht mehr die Rede, wenn Geld in Richtung Ex-Partner oder Ex-Partnerin und zu den gemeinsamen Kindern fließen soll.

Quelle: Destatis, 2024

Kassensturz

Auch im Fall einer Scheidung ist wieder ein Kassensturz nötig. Nach der Trennung wird Ihre finanzielle Situation anders aussehen als vorher. Verschaffen Sie sich einen Überblick, womit Sie rechnen können, wie viel Ihnen zum Leben bleibt und wie Sie mit Ihren Mitteln eine eigene Altersvorsorge aufbauen können.

WENN SIE ES BISHER NOCH NICHT GETAN HABEN, ist nun der Zeitpunkt gekommen, Verantwortung für Ihre Finanzen zu übernehmen, eine langfristige Strategie zu entwickeln und entsprechend zu investieren.

Das Gute daran ist: Nun können Sie selbstbestimmte und eigenverantwortliche Entscheidungen treffen! Schauen Sie sich anhand unseres Fragebogens auf der nächsten Seite an, wo Sie stehen.

Unterhalt und Co.

Eine Trennung ist nicht nur eine emotional anstrengende und herausfordernde Angelegenheit. Für die Mehrheit der Frauen geht sie oft zusätzlich mit größeren finanziellen Einbußen einher. Sie arbeiten häufiger in Teilzeit, haben ein niedrigeres Einkommen und einen geringeren Rentenanspruch. In den neuen Bundesländern sieht die Situation ein wenig anders aus, dort ist der Anteil der Frauen, die Vollzeit arbeiten, höher als in den alten Bundesländern, allerdings auf einem insgesamt niedrigeren Einkommensniveau. Egal, wie die Einkommensverhältnisse bei Ihnen persönlich sind: Behalten Sie im Hinterkopf, dass der oder die Besserverdienende zumindest noch eine Zeit lang für den Ex-Partner einstehen muss. Etwas anderes ist es, wenn Ihre Ehe sehr lange bestanden hat und Sie ein gewisses Alter erreicht haben. Dann haben Sie trotz der Reform des Unterhaltsrechts eventuell höhere Ansprüche, etwa auf Unterhalt bis zum Renteneintritt. Manche Gerichte gehen davon aus, dass es für eine Frau, die schon fast das Rentenalter erreicht hat, kaum eine Möglichkeit gibt, noch einen passenden Vollzeitjob zu finden. Je nachdem, wie alt Sie sind, müssen Sie sich um eine Arbeitsstelle bemühen. Allerdings sinken die Chancen darauf, wenn Sie etwa in Ihren Fünfzigern sind.

Häufig ist eine Lösung, die Sie mit Ihrem Ex-Partner gemeinsam und eigenverantwortlich finden, einer richterlichen Entscheidung vorzuziehen. Sicher kennen Sie den Spruch: „Vor Gericht und auf hoher See ist man in Gottes Hand." Tauschen Sie sich intensiv mit Ihrem Ex-Partner

Die Trennungscheckliste

Folgende erste Fragen helfen Ihnen nach einer Trennung, Klarheit über Ihre finanzielle Situation zu gewinnen:

- O Habe ich einen Überblick darüber, was mein Ex-Partner verdient, welche gemeinsamen Verpflichtungen wir haben und wie hoch diese sind?
- O Habe ich einen Überblick über Schulden, für die ich möglicherweise gemeinsam mit meinem Ex-Partner hafte?
- O Wie viel Nebenkosten zahlen wir für die noch gemeinsame Wohnung beziehungsweise das gemeinsame Haus? Was kommt auf mich zu, wenn ich allein lebe?
- O Weiß ich, wie viel Geld ich im Alltag für die Kinder benötige? Bin ich bereit und in der Lage, mit meinem Ex-Partner über die faire Aufteilung der Kosten zu sprechen?
- O Haben wir gemeinsam etwas für die Kinder und deren Ausbildung angespart? Wenn ja, wie viel ist es und wie genau ist das Geld angelegt?
- O Kenne ich meine monatlichen Einnahmen und Ausgaben genau?
- O Habe ich eine Möglichkeit, mein eigenes Einkommen zu erhöhen? Wenn ja, was genau muss ich dafür tun?
- O Reicht mein eigenes Einkommen zum Leben?
- O Habe ich schon Ideen, wie meine langfristigen finanziellen Ziele aussehen?
- O Habe ich einen Überblick über meine Konten und Depots? Kenne ich die aktuellen Konditionen, Zinssätze und Ähnliches?
- O Wie viel habe ich für mich selbst zurückgelegt? Reicht das als eiserne Reserve (in der Regel zwei bis drei Nettomonatsgehälter)?
- O Habe ich ein eigenes Depot oder Renten- beziehungsweise Lebensversicherungen, die auf meinen Namen laufen und nur mir gehören?
- O Habe ich meine Versicherungen und Anlagen auf Notwendigkeit und Effizienz überprüft?
- O Bekomme ich durch die Scheidung eine größere finanzielle Summe als Zugewinnausgleich, falls mein Partner während der Ehe mehr Vermögen erworben hat als ich?
- O Habe ich Anspruch auf einen Versorgungsausgleich?

aus, holen Sie sich dafür gegebenenfalls professionelle Unterstützung etwa in einer Beratungsstelle oder im Rahmen einer Mediation. Das ist ein Verfahren, um Konflikte zu lösen. Es versucht, Augenhöhe zwischen den Konfliktpartnern herzustellen, und gesteht allen ein hohes Maß an Eigenverantwortung zu. Mediatoren helfen dabei, die unterschiedlichen Interessen zu erkennen und in schwierigen Situationen Lösungen zu finden. Sie machen in der Regel keine eigenen Vorschläge, sondern gestalten, halten und moderieren den Prozess. Im besten Fall sorgen sie dafür, dass Menschen sich wieder besser verstehen und dass die verschiedenen Bedürfnisse gesehen und von den Konfliktpartnern eigenständig sowie eigenverantwortlich verhandelt werden. Kompromisse, die auf diesem Weg gefunden werden, sind in der Regel tragfähiger als Entscheidungen, die von außen für die Beteiligten getroffen werden. Sie und Ihr Ex-Partner lieben Ihre Kinder wie sonst niemand auf der Welt – deshalb sind die Chancen größer, deren Wohl durch eine Mediation am besten im Blick zu behalten. Es ist ein Verfahren, das versucht, Augenhöhe herzustellen, und ein hohes Maß an Eigenverantwortung zugesteht.

Sie sollten gut vorbereitet in solche Gespräche gehen und Ihre rechtliche Situation kennen. Besprechen Sie die gefundenen Lösungen anschließend mit einem Anwalt beziehungsweise einer Anwältin. Ein guter Kompromiss bedeutet in der Regel, dass man aufeinander zugehen muss. So können Verabredungen getroffen werden, die die Bedürfnisse aller Beteiligten zufriedenstellen.

EXPERTEN SAGEN, vor einer Win-win-Situation stehe ein Give-give. Jede und jeder muss also ein bisschen von den eigenen Vorstellungen abrücken, um ein gemeinsames Neues zu finden. Das ist nicht immer leicht, vor allem dann nicht, wenn Gefühle eine Rolle spielen.

Mit Gefühlen können viele Menschen in einer Konfliktsituation nicht gut umgehen. Aber nur, wenn auch schwierige Emotionen im Rahmen einer Trennung auftauchen, gesehen und gewürdigt werden, ist es möglich, sie hinter sich zu lassen. Dann können ab einem bestimmten Punkt die sachlichen Details verhandelt werden.

Eine Mediation ist immer günstiger als eine langwierige Auseinandersetzung über Rechtsanwälte und schlimmstenfalls vor Gericht. Je nach Region kostet sie zwischen 120 und 300 Euro pro Stunde. Wenn Sie das mit Stundensätzen von Scheidungsanwälten vergleichen, müssen Sie nicht lange rechnen, um darin eine gute Investition zu erkennen. Mediation erfordert allerdings mehr eigenes Mitarbeiten. Denn hier trifft niemand außer Ihnen selbst Entscheidungen. Je besser informiert und vorbereitet Sie sind, umso besser. Allerdings gelingt es nicht immer, einen Kompromiss zu finden. Das erfordert von beiden Beteiligten eine enorme Einigungs- und Kompromissbereitschaft, die nicht immer gegeben ist. In diesen Fällen bleibt nur der Weg über das Gericht.

Rente

Eine Scheidung hat gravierende Auswirkungen auf die Altersvorsorge. Hierbei geht es um eine ausreichende Absicherung im Alter, vor allem für diejenigen, die Teilzeit gearbeitet und Zeit für die Familie investiert haben. Und das sind in Deutschland in der Mehrzahl immer noch Frauen.

Im Fall einer Trennung regelt der sogenannte Versorgungsausgleich, dass derjenige Partner, der weniger eigene Rentenpunkte erworben hat, für die Dauer der Ehe die Hälfte der Rentenpunkte des Mehrverdieners bekommt. Wenn beide erwerbstätig waren, werden die Rentenpunkte zusammengezählt und dann für die Dauer der Ehe durch zwei geteilt.

EIN BEISPIEL. Mara war 17 Jahre mit Max verheiratet und hat durch ihr Einkommen während dieser Zeit 20 Entgeltpunkte auf ihrem gesetzlichen Rentenkonto erworben. Ein Entgeltpunkt ist (Stand 2025) 40,79 Euro wert, Mara hat also einen Rentenanspruch von 815,80 Euro. Ihr Ex-Mann Max hat als Selbstständiger wenig in die Rentenkasse eingezahlt und während der Dauer der Ehe nur 8 Entgeltpunkte erworben. Sein Rentenanspruch entspricht 326,32 Euro. Da der Gesetzgeber will, dass bei unterschiedlichen Einkommen beide Partner nach der Scheidung weitestgehend gleichgestellt sind, werden die Rentenpunkte zusammengezählt und dann durch zwei geteilt. Also: 20 + 8 = 28 : 2 = 14. Multipliziert man nun die Anzahl der Entgeltpunkte mit ihrem Wert, also 14 × 40,79 Euro, kommen beide auf 571,06 Euro an Rentenanwartschaften.

Die Rentenanwartschaften werden zwar gerecht geteilt, allerdings muss von nun an jeder wieder für sich selbst sorgen. Da Sie nicht mehr gemeinsam wirtschaften, entstehen nicht nur höhere Kosten, sondern auch eine Rentenlücke, vor allem für denjenigen oder diejenige, der oder die Punkte abgeben muss. Diese Lücke sollte tunlichst geschlossen werden, damit im Alter keine böse Überraschung wartet (siehe S. 117).

Es scheint noch lange hin, bis Sie in den Ruhestand gehen? Wenn Sie noch jünger sind – etwa Mitte dreißig, Anfang vierzig –, haben Sie noch über 25 Jahre Zeit bis zum Renteneintritt. Wahrscheinlich denken Sie jetzt noch nicht daran, wie Ihr Leben im Alter aussehen wird und wie viel Geld Sie dann brauchen werden. Eine Scheidung hat jedoch große Auswirkungen auf Ihre Altersvorsorge.

WENN SIE SICH JUNG SCHEIDEN LASSEN, geht der Gesetzgeber davon aus, dass beide Partner noch genug Zeit haben, selbst für das Alter vorzusorgen. Das Einzige, was dafür verlässlich sorgt, ist eine sozialversicherungspflichtige Festanstellung.

In Zeiten des Fachkräftemangels und angesichts des allmählichen Ausstiegs der Babyboomer aus dem Arbeitsmarkt stehen die Chancen für jüngere Frauen nicht schlecht, eine angemessene Arbeit zu finden. Voraussetzung ist allerdings, dass ihre Kinder gut und umfassend betreut sind. Angesichts sinkender Geburtenraten ist es in vielen Teilen des Landes mittlerweile nicht mehr so schwer, einen Kindergartenplatz zu finden. Grundsätzlich gilt jedoch, dass Deutschland kein Ort ist, in dem es etwa für ältere Kinder ausreichend und qualitativ hochwertige Ganztagsschulen gibt. Diese Schulform ist auch für viele Eltern nicht unbedingt eine Option. Andere Länder sind da weiter. Dort ist es gesellschaftlich anerkannt und selbstverständlich, dass der Nachwuchs einen Großteil des Tages in der Schule verbringt und dort seine Freizeit mit entsprechenden Aktivitäten gestaltet. Deutschland hat eine andere Kultur mit der Folge, dass Eltern beispielsweise die Musik- und Sportkurse ihrer Kinder in Eigenregie organisieren und dafür Zeit und Fahrtwege einplanen müssen.

Alleinerziehend

Wenn Eltern sich scheiden lassen, wohnen Kinder nach wie vor häufig bei einem Elternteil. Die Statistik definiert Alleinerziehende als Eltern, die ohne Partner im Haushalt mit ihren minder- oder volljährigen Kindern zusammenleben. 2023 waren das knapp 3 Millionen Eltern. Rund 2,4 Millionen davon waren Mütter, 580 000 Väter. Interessant ist, dass erstmals seit Einführung der Statistik Zahlen zu alleinerziehenden Beziehern von Elterngeld erhoben wurden. 2023 waren von den 1,8 Millionen Müttern und Vätern, die Elterngeld erhielten, 50 400 Menschen alleinerziehend, 97,8 Prozent davon Frauen.

Was heißt das für Ihre finanzielle Absicherung? In erster Linie bedeutet es eine Menge Verantwortung, Aufgaben und Stress, die Sie allein bewältigen müssen. In der Regel hat eine alleinerziehende Mutter vor allem von kleinen Kindern kaum eine freie Minute, geschweige denn Kraft, sich um ihre Altersvorsorge oder die Finanzplanung zu kümmern. Nehmen Sie sich die Zeit trotzdem. Sobald Sie dieses Thema ein für alle Mal erledigt haben, können Sie sich wieder auf das Wesentliche konzentrieren: Ihnen und Ihren Kindern ein möglichst gutes Leben und eine sichere Zukunft zu ermöglichen. Mit dem einfachen, aber wirksamen Anlagekonzept der Stiftung Warentest haben Sie diese Herausforderung bald bewältigt (siehe „Einfach anlegen: Das Pantoffel-Portfolio“, S. 101).

DIE RICHTIGE STEUERKLASSE. Wenn Sie nun schon weitgehend allein für Ihre Kinder sorgen, sollten Sie an Förderung und Unterstützung mitnehmen, was Sie bekommen können. Steuerlich interessant und eigentlich zwingend ist, dass Sie in die Steuerklasse 2 wechseln. Das ist möglich, wenn Sie bestimmte Voraussetzungen erfüllen, etwa wenn Sie mit mindestens einem minderjährigen Kind zusammenleben. Auch wenn Ihre Kinder schon volljährig, aber noch in der Ausbildung sind und Sie Kindergeld beziehen, besteht diese Option.

Steuerklasse 2 sichert Ihnen einen höheren Freibetrag, sodass Sie jeden Monat mehr Geld zur Verfügung haben. Der Grundfreibetrag beträgt 12 096 Euro (Stand 2025). Das heißt, bis zu diesem Einkommen müssen Sie keine Steuern bezahlen. Hinzu kommen noch der Arbeitnehmerpauschbetrag von 1230 Euro sowie der Sonderausgabenpauschbetrag von 36 Euro und eine einkommensabhängige Vorsorgepauschale. Das bedeutet, dass ein bestimmter Betrag, den Sie für die soziale Sicherung brauchen, steuerfrei gestellt wird. Der Entlastungsbetrag für Alleinerziehende von 4 260 Euro (Stand 2025) wird in der Steuerklasse 2 automatisch berücksichtigt – ein zusätzlicher Freibetrag. Für jedes weitere Kind wird er um 240 Euro erhöht. Das müssen Sie allerdings beim zuständigen Finanzamt beantragen und in Ihre Lohnsteuerkarte eintragen lassen.

Rechnen Sie zudem genau aus, wie viel Unterhalt Ihren Kindern zusteht, und zögern Sie nicht, diesen bei Ihrem Ex-Partner einzufordern. Anhaltspunkte dafür gibt die Düsseldorfer Tabelle (siehe S. 60).

Deutschland ist laut dem Zweiten Gleichstellungsbericht der Bundesregierung leider ein unrühmliches Beispiel dafür, wie wenig und wie un-

Düsseldorfer Tabelle

Die Düsseldorfer Tabelle ist seit 1962 eine Unterhaltsleitlinie des Oberlandesgerichts Düsseldorf, die bundesweit anerkannt wird. Die Düsseldorfer Tabelle wird regelmäßig aktualisiert und zeigt unter Einordnung des Nettoeinkommens, wie viel Kindesunterhalt Eltern nach einer Trennung oder Scheidung zahlen müssen. Alle Beträge in Euro.

Nettoeinkommen des/der Barunterhaltspflichtigen	Altersstufen in Jahren (§ 1612a Abs. 1 BGB)				Prozentsatz	Bedarfskontrollbetrag
	0 – 5	6 – 11	12 – 17	ab 18		
Bis 2 100	482	554	649	693	100	1 200 / 1 450
2 101 – 2 500	507	582	682	728	105	1 750
2 501 – 2 900	531	610	714	763	110	1 850
2 901 – 3 300	555	638	747	797	115	1 950
3 301 – 3 700	579	665	779	832	120	2 050
3 701 – 4 100	617	710	831	888	128	2 150
4 101 – 4 500	656	754	883	943	136	2 250
4 501 – 4 900	695	798	935	998	144	2 350
4 901 – 5 300	733	843	987	1 054	152	2 450
5 301 – 5 700	772	887	1 039	1 109	160	2 550
5 701 – 6 400	810	931	1 091	1 165	168	2 850
6 401 – 7 200	849	976	1 143	1 220	176	3 250
7 201 – 8 200	887	1 020	1 195	1 276	184	3 750
8 201 – 9 700	926	1 064	1 247	1 331	192	4 350
9 701 – 11 200	964	1 108	1 298	1 386	200	5 050

zuverlässig vor allem Väter Unterhalt zahlen. Wörtlich heißt es darin, die „Bereitschaft zur nachehelichen Solidarität ist gesellschaftlich (…) gering". Hinzu kommt, dass laut einer Studie des Deutschen Jugendinstituts (DJI) fast 40 Prozent der Kinder von Ein-Eltern-Familien zu wenig, gar keinen oder nur unregelmäßig Unterhalt erhalten. Sind die Kinder volljährig, aber weiterhin von den Eltern finanziell abhängig, wird es noch komplizierter. Dann müssen die Kinder den ihnen zustehenden Unterhalt selbst vom Unterhaltspflichtigen verlangen und offiziell beantragen, wenn er nicht freiwillig zahlt. Weil sie die ohnehin fragilen Beziehungen in getrennten Familien oft nicht weiter strapazieren wollen, verzichten sie häufig darauf. Das ist alles nicht schön. Aber wenn man es weiß, kann man entsprechend handeln:

BESTEHEN SIE in der Auseinandersetzung mit dem Ex-Partner auf angemessene Unterhaltszahlungen und holen Sie im Zweifelsfall Rechtsbeistand ein oder beantragen Sie in letzter Konsequenz einen Unterhaltsvorschuss beim Jugendamt.

Die vielfältigen anderen Leistungen des Staats sind etwas unübersichtlich und müssen einzeln beantragt werden. Dazu gehören zum Beispiel der Wohngeldzuschuss, Mehrbedarfszuschläge für Schwangere, Alleinerziehende oder Menschen mit Behinderung sowie der Kinderzuschlag. Letzterer ist eine zusätzliche finanzielle Unterstützung für erwerbstätige Eltern, deren Einkommen nicht oder nur knapp ausreicht, um den Bedarf der Familie zu decken. Er ist seit dem 1. Januar 2024 von maximal 250 Euro auf bis zu 297 Euro pro Monat und Kind gestiegen. Wenn Sie Bürgergeld beziehen, können Sie für Ihre Kinder Geld vom Bildungs- und Teilhabepaket bekommen. Dazu gehören etwa ein kostenloses Mittagessen in Kita oder Schule, Kostenerstattung für Ausflüge mit Kita oder Schule, Zuschüsse für den persönlichen Schulbedarf, kostenlose Nachhilfe und für soziale und kulturelle Aktivitäten wie etwa den Beitrag für einen Sportverein oder die Musikschule. Zuständig für diese Gelder ist das Jobcenter, wenn Sie Bürgergeld oder Sozialgeld bekommen. Erhalten Sie Wohngeld und den Kinderzuschlag, ist Ihre Stadt oder Ihr Landkreis zuständig. Sammeln Sie ein, was Sie können – und nutzen Sie das, um eventuell etwas zurücklegen zu können.

Quelle: Oberlandesgericht Düsseldorf, 2025

Die Pflege von Angehörigen

Es ist nicht nur das Kümmern um Kinder, was Frauen finanziell benachteiligt. Oft sind sie es auch, die für alternde Eltern und Schwiegereltern sorgen.

Immer mehr Paare versuchen, das Familienleben partnerschaftlich zu organisieren. Dennoch tragen Frauen in den meisten Fällen die Hauptlast dieser Arbeit. Das gilt besonders, wenn es um die Versorgung alter Menschen geht. Die Pflege hat Auswirkungen auf ihre eigene soziale Absicherung und auf ihre Rente. Der Staat unterstützt pflegende Angehörige mit verschiedenen Maßnahmen. Wenn Sie diese kennen und für sich nutzen, können Sie ein paar Nachteile, die durch die private Pflege entstehen, abmildern.

In Deutschland sind rund 5 Millionen Menschen pflegebedürftig, Tendenz steigend. Die allermeisten Betroffenen – vier von fünf – werden von Angehörigen zu Hause versorgt. Der Staat erkennt an, dass dies eine wichtige gesellschaftliche Aufgabe ist. Pflege kann eine persönlich lohnende und sinnstiftende Aufgabe sein. In jedem Fall ist sie enorm fordernd und anstrengend. Es ist nicht möglich, die dadurch entstehenden Einkommens- und Rentenausfälle durch die staatliche Unterstützung auszugleichen. Dennoch stellt Letztere einen kleinen Beitrag dar, der einen Unterschied machen kann.

Grundsätzlich gilt: Pflegeleistungen müssen von der pflegebedürftigen Person oder ihren Bevollmächtigten bei der zuständigen Pflegekasse beantragt werden. Die Pflegekasse ist immer an ihre Krankenkasse angebunden. Der Antrag kann formlos, etwa per Anruf oder E-Mail, gestellt werden. Ihre Tätigkeiten für eine pflegebedürftige Person werden unter bestimmten Voraussetzungen als Pflegezeiten bei der gesetzlichen Rente berücksichtigt. Sie müssen dafür eine oder mehrere Personen mit mindestens Pflegegrad 2 oder höher für mindestens zehn Stunden und an mindestens zwei Tagen pro Woche nicht erwerbsmäßig häuslich pflegen. Gleichzeitig dürfen Sie höchstens 30 Stunden pro Woche arbeiten. Auf pflege.de finden Sie mehr Informationen dazu.

Auch wenn Sie selbst nicht sozialversicherungspflichtig erwerbstätig sind, gilt die Zeit, in der Sie pflegen, als Beitragszeit für Ihren Rentenanspruch. In Deutschland besteht eine Pflicht, sich krankenzuversichern, aus der auch eine Pflicht folgt, sich pflegezuversichern. So werden Ihre Rentenversicherungsbeiträge bezahlt, wenn Sie privat pflegen. Die gezahlten Beiträge werden wie bei einer Erwerbstätigkeit in Entgeltpunkte umgerechnet und Ihrem Rentenkonto gutgeschrieben. Wenn Sie in den Ruhestand gehen, erhalten Sie eine Rente. Dabei macht es keinen Unterschied, ob der Pflegebedürftige privat oder gesetzlich pflegeversichert ist. Wie viele Rentenpunkte Sie durch die Pflege erhalten, hängt einerseits vom Pflegegrad der von Ihnen betreuten Person ab und andererseits davon, ob und in welchem Umfang Sie die Unterstützung eines professionellen Pflegediensts in Anspruch nehmen. Für ein Jahr Pflegetätigkeit konnten Sie im Jahr 2024 zwischen 7 und 37 Euro mehr Rente im Monat bekommen. Diese Regelung gilt übrigens nicht nur für Verwandte. Auch Freundinnen oder Nachbarinnen können Pflegeleistungen übernehmen. Dann haben auch sie Anspruch darauf, dass die Pflegezeit bei der eigenen Rente berücksichtigt wird, so sie denn unter den oben genannten Bedingungen stattfindet. Wollen Sie Rentenpunkte für Ihre Pflegezeit sammeln, müssen Sie das nicht gesondert beantragen, aber den „Fragebogen zur Zahlung der Beiträge zur sozialen Sicherung für nicht erwerbsmäßig tätige Pflegepersonen" ausfüllen. Sie erhalten ihn bei der Pflegeversicherung oder finden ihn online.

PFLEGEGELD ALS EINKOMMEN. Seit Januar 2025 erhalten pflegebedürftige Personen je nach Pflegegrad – allerdings erst ab Pflegegrad 2 – 347 bis 990 Euro als Pflegegeld. Sie können selbst darüber entscheiden, wie sie es verwenden wollen. Nur wenn Sie als gesetzliche Betreuerin eingesetzt sind oder die entsprechenden Vollmachten haben, können Sie direkt über das Geld verfügen. Viele Pflegebedürftige reichen das Pflegegeld an die pflegende Person weiter. Es ist dann nicht steuerpflichtig und es werden keine Rentenversicherungsbeiträge darauf fällig.

Wenn Sie mehr über das Thema Pflege wissen wollen, wenden Sie sich an die Deutsche Rentenversicherung. Die Beratung dort ist kostenlos. Versicherungsämter von Städten und Landkreisen bieten ebenfalls kostenlose Informationen an.

04

Mehr Einkommen: Selbstbewusst im Beruf

Ziele setzen

Ihr Beruf macht Ihnen nicht nur Spaß, sondern ist auch gut bezahlt? Hervorragend. Was aber, wenn Ihr Gehalt nicht passt? Sorgen Sie dafür, dass Sie verdienen, was Sie verdienen.

Bevor wir darüber sprechen, welche beruflichen Ziele Sie verfolgen, beginnen wir bei einem Schritt vorher: bei der Berufswahl. Die Präferenzen von Frauen und Männern unterscheiden sich deutlich. Etwas verallgemeinernd gesprochen achten Männer bei der Wahl ihres Berufs häufig auf Verdienst- und Aufstiegsmöglichkeiten. Bei Frauen stehen dagegen oft persönliche Interessen und Vorlieben im Vordergrund. Letztere suchen laut wissenschaftlichen Untersuchungen mehr Sinn in ihrer Tätigkeit und bevorzugen Berufe, in denen sie mit Menschen zu tun haben. Leider sind in Deutschland die Gehälter in typischen Frauenberufen wie etwa Lehrerin, Erzieherin oder Physiotherapeutin, um nur einige zu nennen, immer noch deutlich niedriger als in typischen Männerberufen wie Automechaniker oder IT-Experte, obwohl diese Tätigkeiten gesellschaftlich mindestens genauso wichtig – wenn nicht wichtiger – sind. Frauen achten bei der Berufswahl zudem stärker darauf, ob sie die Tätigkeit später gut mit einer Familie vereinbaren können. Hier ist Deutschland noch immer nicht gut aufgestellt, auch wenn es in den vergangenen 15 Jahren einige Verbesserungen gab.

Trotz vielfältiger Bemühungen, Mädchen und junge Frauen für die MINT-Berufe (MINT steht für Mathematik, Informatik, Naturwissenschaften und Technik) zu begeistern, wählen sie immer noch zu einem wesentlich größeren Teil soziale Berufe. Wirtschaft und Regierung haben ein großes Interesse an Fachkräften in den MINT-Berufen. Diese gelten als Schlüsselbereich für Bildung, Forschung und Innovation und haben eine große Bedeutung für die wirtschaftliche Entwicklung eines Landes sowie für den technologischen Fortschritt einer Gesellschaft. Arbeitsstellen in MINT-Berufen sind oft gut bezahlt und bieten sehr gute Karrierechancen. Sie ermöglichen es, eigenständig eine gute finanzielle Basis für sich und die Familie zu schaffen. Doch trotz der guten Aussichten auf dem Arbeitsmarkt entscheiden sich Frauen laut Statistischem Bundesamt nach wie vor eher selten für ein solches Studium. So lag der Frauenanteil bei den Studienanfängerinnen und -anfängern in den MINT-

Fächern im Jahr 2022 bei 35 Prozent. Zum Vergleich: Zwanzig Jahre zuvor waren es nur 31 Prozent. Allerdings gilt auch Innenarchitektur als MINT-Fach und hier finden sich die meisten weiblichen Studentinnen (87 Prozent im Jahr 2022). Währenddessen entschieden sich nur 8 Prozent für Fahrzeugtechnik. Auch bei Informatik lag der Frauenanteil bei nur knapp 23 Prozent.

Generell gibt es eine leichte Tendenz, dass mehr Frauen diese Berufe ergreifen. Aber die Entwicklung verläuft langsam und schleppend. Frauen sind laut Statistischem Bundesamt nach wie vor in der IT sowie der Forschung und Entwicklung unterrepräsentiert, auch wenn sich ihr Anteil zwischen 2013 und 2023 von 11 Prozent auf 18 Prozent erhöht hat. Männer hingegen sind in Berufen der Körperpflege oder im Verkauf von Lebensmitteln weit weniger vertreten.

Gerade die Menschen in den pflegenden Berufen brauchen wir in einer alternden Gesellschaft dringend. Wir bezahlen sie nur nicht angemessen. Was bedeutet das alles nun für unsere Ausgangsfrage? Wie können Frauen eigenständig und selbstbewusst für ihre finanzielle Absicherung sorgen?

Wenn Sie noch am Anfang Ihrer Karriere beziehungsweise vor der Berufswahl stehen: Schauen Sie einmal rechts und links. Gibt es in dem Feld, das Sie besonders interessiert, Berufe und Positionen, die zwar mit Ihrer Vorliebe und Begeisterung zu tun haben, aber vielleicht eine höhere Qualifikation verlangen? Die damit bessere Verdienst- und Aufstiegschancen bieten? Sagt ein Mädchen beispielsweise, es wäre gern Krankenschwester, kann es auch überlegen, Medizin zu studieren und als Ärztin zu arbeiten. Das ist ein Beruf mit wesentlich höherem Prestige, Einkommen und Entwicklungschancen. Wer Bürofachkraft werden möchte, hat als Assistentin der Geschäftsführung mehr Einfluss und Einkommen. Auch die Selbstständigkeit ist eine Option, Unterstützung für Gründerinnen gibt es reichlich. Die Möglichkeiten, den Blickwinkel zu erweitern, sind mannigfaltig. Tun Sie es! Und sprechen Sie mit Ihren Töchtern über deren Berufswahl.

ALLEN, DIE IHREN BERUF schon gewählt haben, bieten sich ebenfalls einige Stellschrauben, an denen sie drehen können. Sie können sich beispielsweise in ihrem Job weiterbilden, offen für Neues bleiben und den Arbeitgeber wechseln, wenn sich anderswo bessere Chancen bieten. Sie können ein besseres Gehalt verhandeln oder aus einem Teilzeitjob das Beste herausholen.

Quelle: Destatis, März 2023

Frauen in den Chefetagen

Seit Inkrafttreten des Führungspositionengesetzes im Jahr 2015 hat sich einiges getan mit Blick auf die Geschlechter-Parität in den Chefetagen deutscher Unternehmen. Es gibt aber weiterhin Luft nach oben.

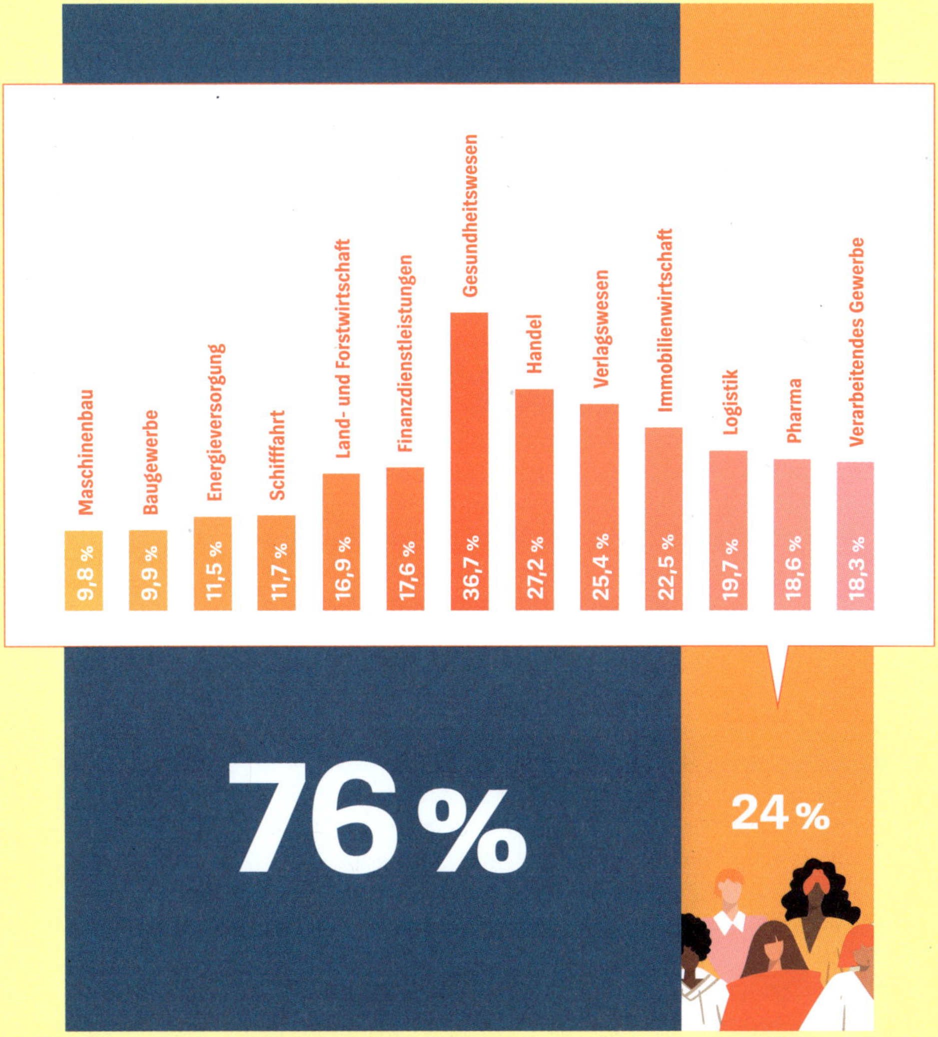

Mehr Gehalt durch geschicktes Verhandeln

Der Gang zur Chefin, um eine Gehaltserhöhung zu verhandeln, ist nicht beliebt. Viele fürchten ein unangenehmes Gespräch. Aber mit einer guten Vorbereitung kann es sogar Spaß machen – und im besten Fall mehr Geld bringen.

In Deutschland gibt es eine unerfreuliche Tradition: Über Geld spricht man nicht. Das ist vor allem für Ihr aktuelles Ziel, ein besseres Gehalt zu verhandeln, ungünstig. Diese kulturelle Eigenheit gibt es in vielen anderen Ländern so nicht. Leider haben wir fast alle diesen Grundsatz verinnerlicht. Das macht es komplizierter, sich mit seinem Einkommen in seiner Firma und im privaten Umfeld zu verorten. Es trägt auch dazu bei, dass Frauen und Männer im Job nach wie vor finanziell ungleich behandelt werden. Und das, obwohl die Regierung diesen Umstand längst als problematisch erkannt hat und schon 2017 ein Gesetz für mehr Transparenz bei der Bezahlung von Arbeitnehmerinnen und Arbeitnehmern erließ. Seitdem haben Angestellte im Grunde ein Auskunftsrecht gegenüber ihren Arbeitgebern, wo sie im Gehaltsgefüge stehen. Das Gesetz verbietet ausdrücklich, jemanden bei gleicher oder gleichwertiger Arbeit wegen des Geschlechts im Hinblick auf sämtliche Entgeltbestandteile und Entgeltbedingungen unmittelbar oder mittelbar zu benachteiligen. Es untersagt, für gleiche oder gleichwertige Arbeit wegen des Geschlechts ein geringeres Gehalt zu vereinbaren oder zu zahlen. So weit, so gut. Allerdings gibt es starke Kritik an dem Gesetz und die ist durchaus berechtigt: Der Gesetzgeber überlässt es in weiten Teilen den Angestellten selbst, bei ihrem Arbeitgeber nachzufragen. Allein das ist für viele schon ein Hinderungsgrund, weil sie berufliche Nachteile fürchten. Viele Arbeitgeber machen zudem keine konkreten Angaben, sondern teilen lediglich das mittlere Einkommen für vergleichbare Tätigkeiten mit. Damit ist Ihnen persönlich bei der konkreten Einschätzung, wie viel Ihre Arbeit wert ist, nicht geholfen. Wenn Sie den Eindruck haben, dass Sie benachteiligt werden, müssen Sie Ihren Arbeitgeber verklagen. Das ist ein Schritt, den viele Menschen aus nachvollziehbaren Gründen scheuen. Aber immerhin besteht in Deutschland mittlerweile ein Bewusstsein für Ungleichheiten und Ungerechtigkeiten und ein erster Schritt ist getan.

Auch wenn Sie darauf verzichten, Vergleichszahlen aus Ihrem Unternehmen zu erfragen, sollten Sie regelmäßig überlegen, ob Sie noch das richtige Gehalt für Ihre Arbeit bekommen. Es gilt: Egal, für welchen Beruf Sie sich entschieden haben, ob nun IT-Expertin oder Pflegekraft: Machen Sie das Beste daraus! Die größte Stellschraube, die Sie haben, um Ihr Vermögen beziehungsweise Ihre Sparquote zu erhöhen, ist Ihr Gehalt. Egal, wie viele Spontankäufe und Kuchenstücke auf dem Weg zur Arbeit Sie sich verkneifen: Es wird nie so viel ausmachen wie eine Gehaltserhöhung oder ein Karrieresprung. Beides treibt Ihr Jahreseinkommen auf einen Schlag und vor allem dauerhaft in die Höhe. Achten Sie bei den Verhandlungen jedoch auf steuerliche Auswirkungen einer Gehaltserhöhung. Je nachdem, wie hoch der Zuschlag ist, fällt der Anstieg beim Nettoeinkommen deutlich schwächer aus. Sollte das der Fall sein, verhandeln Sie lieber andere Gehaltsbestandteile, etwa ein Jobticket, Fortbildungen, Vermögenswirksame Leistungen (VL) oder einen steuerfreien Zuschuss für die Kitabetreuung Ihrer Kinder.

Eigenlob stimmt!

Selbst wenn Ihnen der Gedanke auf den ersten Blick nicht zusagt – bei bevorstehenden Gehaltsverhandlungen gilt die Devise: Eigenlob stimmt! Sie haben richtig gelesen: Loben Sie sich selbst. Schreiben Sie auf, was Sie in den vergangenen Monaten oder im letzten Jahr Besonderes für das Unternehmen geleistet haben. Wann sind Sie für Kolleginnen eingesprungen, haben mehr Verantwortung übernommen oder Aufgaben erledigt, die über Ihrer Einkommensstufe liegen? Haben Ihre Vorgesetzten Ihren Einsatz wahrgenommen?

SOSALLA SAGT: „Es ist wissenschaftlich hinreichend untersucht, dass Frauen dazu neigen, ihre Leistungen nicht herauszustellen. Sie gehen lieber im Stillen davon aus, dass ihre Arbeit gesehen und irgendwann entsprechend honoriert wird. Allerdings passiert das eher selten. Im Gegenteil. Wir alle machen immer wieder die Erfahrung: Wer am lautesten schreit, wird gehört. Wenn das nicht Ihre Sache ist, geraten Sie beim beruflichen Aufstieg leicht ins Hintertreffen. Finden Sie einen guten Weg, der zu Ihrer Persönlichkeit passt, um Ihre Leistungen sichtbar zu machen."

Leider werden Frauen in beruflichen Kontexten anders beurteilt und wahrgenommen als ihre männlichen Kollegen. Man nennt das unconscious bias, also unbewusste Vorurteile, und vor allem Frauen sind ihnen ausgesetzt. Ein Kollege, der mit seinen Erfolgen hausieren geht, gilt als durchsetzungsstark, effizient, selbstbewusst und produktiv. Macht eine Kollegin dasselbe, kann sie leicht als eingebildet, zickig und sich selbst überschätzend wahrgenommen werden. Und das, obwohl sie die bessere Leistung als der Kollege erbracht hat. Welchen Ausweg gibt es aus dieser verzwickten Situation?

VERBÜNDETE SUCHEN. Verfolgen Sie das Projekt Aufstieg beziehungsweise höheres Gehalt nicht allein. Suchen Sie sich Verbündete, die sich für Sie einsetzen. Oft ist es einfacher, wenn Ihr Chef oder Ihre Chefin regelmäßig und diskret von anderen hört, wie gut Sie arbeiten.

Bauen Sie sich in Ihrem Umfeld ein Netzwerk auf, das für Sie Werbung macht. Halten Sie Kontakt zu Kolleginnen und Kollegen in anderen Firmen und Institutionen. Das ist nicht nur nett und inspirierend – es kann auch ein besseres Jobangebot dabei herauskommen. Denn die größten Gehaltssprünge machen Sie in der Regel mit einem Arbeitgeberwechsel. Wenn Sie von anderen Personen empfohlen oder vom potenziellen neuen Arbeitgeber gefragt werden, haben Sie einen Vorteil gegenüber Mitbewerberinnen.

Frauen schrecken erwiesenermaßen zudem häufiger davor zurück, für ein besseres Gehalt oder für Aufstiegschancen den Ort zu wechseln. Das hat mit ihrem Leben zu tun, das in der Regel komplizierter ist, vor allem wenn sie Mütter sind. Sie haben gerade einen Kitaplatz für den Kleinen ergattert und eine gute weiterführende Schule für die Große gefunden und nun kommt ein Jobangebot in einer 500 Kilometer entfernten Stadt? Das könnte Ihr Gehalt zwar enorm in die Höhe treiben und dennoch schrecken Sie vielleicht vor solch drastischen Veränderungen zurück. Aus gutem Grund: Schließlich sind Sie meistens die Familienmanagerin. Sie haben alle Fäden in der Hand, sind trotz anspruchsvollem Beruf ein wahres Organisationsgenie und müssten bei einem Ortswechsel wieder viel Zeit und Energie investieren, um ein funktionierendes Netzwerk in einer anderen Stadt aufzubauen.

Doch das ist nur einer der vielen Gründe für stockende weibliche Karrieren. Frauen werden bei Beförderungen häufiger übersehen oder bewusst übergangen. Das fängt schon an, bevor sie überhaupt Kinder bekommen. Allein die Tatsache, dass sie eine Familie gründen könnten, verschlechtert ihre Anfangsgehälter und später Aufstiegschancen. Expertinnen nennen das die „Mutterschaftsstrafe" und die fällt in Deutschland leider besonders hoch aus. Auch wenn es dafür keine einfachen Lösungen gibt, lassen Sie sich nicht entmutigen. Wenden Sie sich im Zweifelsfall an die Gleichstellungsbeauftragte in Ihrer Firma oder Institution, wenn vorhanden. Hören Sie sich in der Branche um, was andere Menschen in Ihrer Position verdienen. Sprechen Sie offen mit Kollegen in anderen Unternehmen und finden Sie so Ihren Marktwert heraus. Machen Sie eine Liste aller Weiterbildungen, die Sie absolviert haben. Für Sie ist es vielleicht selbstverständlich, sich breit zu interessieren und immer dazuzulernen, aber weiß das auch Ihr Arbeitgeber? Schauen Sie sich Ihre Hobbys und privaten Aktivitäten an: Sind Sie im Verein des Sohnes die Schatzmeisterin und haben so nebenbei den Umgang mit Finanzen und Fundraising gelernt? Das ist eine Zusatzkompetenz, die Ihnen vielleicht gar nicht bewusst aufgefallen ist – und von der Ihre Firma nichts weiß.

Erwartungen klären

Machen Sie sich vorab Ihre Erwartungen klar und gehen Sie mit einem eindeutigen Ziel in die Verhandlungen. Definieren Sie für sich die eigene Schmerzgrenze: Wo liegt Ihre persönliche Untergrenze bei einem Angebot? Aber Achtung: Selbst wenn Sie eine Gehaltsspanne für sich im Kopf haben, sollten Sie die im Gespräch nicht nennen. Denn wenn Sie die niedrigste Summe in den Raum stellen, haben Sie einen Anker gesetzt. Ihr Gegenüber hat dann nur noch diese Zahl im Kopf und wird die Verhandlungen damit beginnen. Diesen niedrigen Marker werden Sie nicht mehr los. Stattdessen sollten Sie eine konkrete Summe nennen, die in der Mitte oder eher noch im oberen Drittel Ihrer Vorstellungen liegt. Das ist ein besserer Anker. Nun kann verhandelt werden!

Haben Sie aber einen Plan B parat für den Fall, dass Sie auf totale Verweigerung stoßen. Wenn Ihr Gegenüber zum Beispiel argumentiert, die wirtschaftliche Situation sei für eine Gehaltserhöhung zu schwierig, zeigen Sie Verständnis. Bestehen Sie aber gleichzeitig darauf, eine andere Anerkennung zu erhalten, die für das Unternehmen machbar ist. Hierbei sind Ihrer Kreativität wenig Grenzen gesetzt. Vielleicht haben Sie außerdem parallel ein paar Bewerbungen an andere Unternehmen geschickt und bereits Angebote erhalten? Das stärkt Ihre Verhandlungsposition und Ihr Selbstbewusstsein – etwas, das Ihr Chef oder Ihre Chefin spüren wird.

Um das Gespräch vorzubereiten und zu üben, können Sie es mit einer Freundin oder Ihrem Partner durchspielen. Bitten Sie sie darum, kritische und ablehnende Fragen zu stellen, um auf alles Mögliche vorbereitet zu sein. Oder Sie gönnen sich ein oder zwei Sitzungen bei einem Job- und Karrierecoach. Das kann gut investiertes Geld sein, wenn dafür dauerhaft ein höheres Gehalt herausspringt. Das Wichtigste ist: Zweifeln Sie nicht an sich und Ihrem Wert. Ihr Gegenüber spürt es, wenn Sie das tun. Dann war die ganze Vorbereitung umsonst. Es gilt das alte Sesamstraßenmotto: Wer nicht fragt, bleibt dumm. Oder in diesem Fall, bekommt zu wenig bezahlt.

Das Gespräch

Sie haben alle Zweifel und Ängste beiseitegeschoben und einen Gesprächstermin vereinbart. Sehr gut! Zünden Sie nun die zweite Raketenstufe. Sie sind gut vorbereitet und können ruhig und gelassen von Ihren Projekten berichten und idealerweise Zahlen vorweisen, wie viel Sie dem Unternehmen mit Ihrer hervorragenden Arbeit eingebracht haben.

AUCH EXTRAS ZÄHLEN. Wenn Sie sich beim Gehalt nicht auf eine höhere Summe einigen können, unterbreiten Sie Alternativvorschläge: Handeln Sie Benefits heraus, sogenannte geldwerte Vorteile. Dazu zählen Tickets für den Nahverkehr, Tankgutscheine oder ein Zuschuss zum Kitabeitrag. Auch die Finanzierung eines Dienstfahrrads ist möglich. Das Gute für den Arbeitgeber: Er spart die Sozialversicherungsbeiträge, die er bei einer Gehaltserhöhung anteilig hätte zahlen müssen.

Manche Firmen bezahlen ihrer Belegschaft auch die Mitgliedschaften in Fitnessstudios. Wenn Sie so etwas heraushandeln und Ihre private Mitgliedschaft kündigen können, sind das 50 bis 100 Euro pro Monat mehr in Ihrem Portemonnaie. Die können Sie dann in Ihre Altersvorsorge stecken oder für besondere Wünsche ansparen. Seien Sie kreativ und mutig. Sie haben nichts zu verlieren. Mehr als ein Nein können Sie nicht bekommen. Aber Sie haben viel zu gewinnen. Das ist eigentlich eine sehr komfortable Situation, oder?

Ein bisschen Menschenkenntnis schadet nicht, wenn Sie Ihrer Verhandlungspartnerin gegenübersitzen: Schätzt sie das freundliche Gespräch und ist sie auf der Beziehungsebene erreichbar? Oder haben Sie es mit einem kühl rechnenden Zahlen-Daten-Fakten-Menschen zu tun?

Argumentieren Sie entsprechend und gehen Sie auf Ihr Gegenüber ein. Ein bewusster Umgang mit Sprache ist ebenfalls hilfreich: „Ich würde gern", „Ich könnte mir vorstellen", „Ich wäre bereit" – solche Formulierungen wirken nicht sehr bestimmt. Benutzen Sie aktive Verben und nicht die Möglichkeitsform. Sie wollen. Sie können. Sie verdienen.

Lernen Sie in der Vorbereitung, Schweigen auszuhalten. Sagen Sie einmal über längere Zeit nichts. Üben Sie schon vorher in Ihrem Alltag, längere Gesprächspausen zu ertragen.

STILLE AUSHALTEN. Erst wenn Pausen über zehn Sekunden dauern, wird es für die meisten Menschen unangenehm. In der Zwischenzeit hat Ihre Gesprächspartnerin jedoch Gelegenheit, das von Ihnen Gesagte zu verarbeiten und Ihren Gedanken und Ideen zu folgen.

Manchmal kommt erst im zweiten Satz nach einer kleinen Pause die eigentliche Information oder ein neuer Schritt. Probieren Sie es aus. Eine Sprechpause schützt auch Sie selbst davor, zu früh einzulenken oder ein Angebot anzunehmen, das noch nicht hundertprozentig für Sie passt. Ein Satz wie „Das klingt interessant" oder „Darüber muss ich noch ein wenig nachdenken" verschafft Ihnen eine Verschnauf- und Denkpause.

Sollten Sie private Gründe für Ihre Gehaltserhöhung anführen? In dieser Frage gelten für Männer und Frauen unterschiedliche Regeln. Fragt ein männlicher Kollege nach einem höheren Gehalt, weil er eine Familie gegründet hat, wird ihm das gern als verantwortungsvolles Handeln eines engagierten Familienmenschen ausgelegt. Tut das dagegen eine Frau, vielleicht sogar eine Schwangere, setzen eher Gedanken ein wie „Wird sie das schaffen?", „Kommt sie aus dem Mutterschutz zurück?" und „Wird sie dann noch so viel leisten können wie bisher?". Dagegen können Sie nicht viel tun, außer, sehr konkret darüber zu informieren, wie Sie sich die Zeit nach der Babypause vorstellen, wie lange Sie sie planen und wie Sie vielleicht Ihr Partner unterstützt, beziehungsweise, dass er einen Großteil der häuslichen Arbeit übernimmt. Arbeitgeber dürfen zwar nach solchen Punkten nicht fragen, aber es hindert Sie niemand daran, ihnen die Sicherheit zu geben, die sie in diesem Moment brauchen.

Was tun bei Arbeitslosigkeit?

Schreckgespenst Jobverlust: Auch wenn es niemandem zu wünschen ist, eine – hoffentlich vorübergehende – Arbeitslosigkeit kann jede treffen. Da ist es gut, wenn Sie wissen, was nun zu tun ist.

Angesichts des Fachkräftemangels stehen die Chancen zum Glück recht gut, dass Sie nach einer Entlassung schnell eine neue Stelle finden. Falls nicht, ist das keine Katastrophe. Atmen Sie durch und gehen Sie die nächsten Schritte mit klarem Kopf an. Sichern Sie sich die staatliche Unterstützung, die Ihnen zusteht, – und passen Sie Ihre privaten Finanzpläne an.

Zunächst ist wichtig, dass Sie sich bei der Arbeitsagentur als arbeitssuchend melden, sobald Sie wissen, dass Sie bald ohne Job dastehen – im Idealfall bereits drei Monate vor dem letzten Arbeitstag. Das geht auch online über die Webseite der Bundesagentur für Arbeit. Damit erhöhen Sie die Chance, in einen neuen Job vermittelt zu werden, und Sie laufen nicht Gefahr, wegen versäumter Fristen ein oder zwei Monate ohne Arbeitslosengeld dazustehen. In den meisten Fällen haben Sie Anspruch auf Arbeitslosengeld 1. Wichtigste Voraussetzung dafür ist, dass Sie die sogenannte Anwartschaftszeit erfüllen. Das heißt, Sie müssen in den 30 Monaten vor Ihrer Arbeitslosmeldung mindestens zwölf Monate pflicht- oder freiwillig in der Arbeitslosenversicherung versichert gewesen sein. Kürzere Zeiten können für Menschen gelten, die überwiegend kurz befristet beschäftigt waren. Auch Krankengeld und die Erziehung eines Kindes unter drei Jahren zählen zu den Anwartschaftszeiten.

Spätestens am ersten Tag Ihrer Arbeitslosigkeit müssen Sie sich nun noch formell arbeitslos melden. Das ist für die Behörde der Startschuss, Ihr Anrecht auf Arbeitslosengeld zu prüfen. Auch das ist online möglich. Allerdings nur, wenn Sie einen Personalausweis mit freigeschalteter Online-Ausweisfunktion haben. Ansonsten erledigen Sie das persönlich in der Arbeitsagentur an Ihrem Wohnort. Um Arbeitslosengeld zu erhalten, müssen Sie neben der Anwartschaftszeit weitere Voraussetzungen erfüllen: Sie müssen mindestens 15 Stunden pro Woche einer versicherungspflichtigen Beschäftigung nachgehen können. Und Sie suchen aktiv eine Stelle und arbeiten dabei mit Ihrer Agentur für Arbeit zusammen. Die Höhe des Arbeitslosengeldes hängt von mehreren Faktoren ab. Auf der Internetseite der Bundesagentur für Arbeit können Sie es mit einem Programm selbst unverbindlich berechnen, um eine erste Orientierung zu bekommen. Denken Sie daran, zusätzliche Hilfen wie Kinderzuschläge oder Wohngeld zu beantragen, wenn Ihr Einkommen durch die Arbeitslosigkeit gesunken ist.

Wichtig für Ihre Finanzplanung während der Arbeitslosigkeit: Sie dürfen nur maximal 165 Euro pro Monat nebenher verdienen, ohne dass das Arbeitslosengeld gekürzt wird. Anders ist es mit Zins- und Mieteinnahmen. Diese sind in beliebiger Höhe möglich und werden nicht auf das Arbeitslosengeld angerechnet. Auch Ihr Vermögen müssen Sie nicht antasten – anders als beim Bürgergeld.

Erfüllen Sie die Voraussetzungen für Arbeitslosengeld nicht oder sind Sie länger als zwölf Monate arbeitslos, bekommen Sie in der Regel Bürgergeld. Das beantragen Sie beim Jobcenter, einer gemeinsamen Einrichtung der Bundesagentur für Arbeit und kommunaler Träger. Das Bürgergeld ist jedoch – anders als das Arbeitslosengeld – keine Leistung der Sozialversicherung, für die Sie als Arbeitnehmer Beiträge zahlen. Das Bürgergeld ist daher meist niedriger und die Voraussetzungen sind strenger. Zwei wichtige Einschränkungen greifen beim Bürgergeld: Wenn Sie mit einem Partner oder einer Partnerin zusammenleben, zählt das gesamte Haushaltseinkommen mit bei der Frage, ob Sie bedürftig sind. Und auch beim Vermögen schauen die Behörden genau hin. Ein Vermögen von bis zu 40 000 Euro dürfen Sie im ersten Jahr des Bürgergeldbezugs behalten. Ausgenommen ist Wohneigentum. Das darf einen höheren Wert haben, aber nur, wenn es in der Größe angemessen ist.

Die Höhe des Bürgergeldes richtet sich nach der Anzahl der Personen, die im Haushalt leben, und deren Alter. Alleinlebende Erwachsene erhalten 563 Euro pro Monat. Hinzu kommen Miet- und Stromkosten (wobei die Miete gewisse Grenzen nicht übersteigen darf) sowie die Beiträge zur Kranken- und Pflegeversicherung. Wichtig für Ihre Finanzplanung ist, dass nach einem Jahr Bürgergeldbezug die Grenze für das anrechenbare Vermögen deutlich sinkt: auf 15 000 Euro je Person, die in Ihrem Haushalt lebt. Falls Sie mehr gespart haben, sollten Sie daher versuchen, wieder eine Beschäftigung zu finden, bevor ein Jahr vergangen ist. Vielleicht können Sie eine durch das Arbeitsamt vermittelte und finanzierte Weiterbildung machen, um Ihre Beschäftigungschancen zu erhöhen?

Pause für die Erziehung der Kinder

Sie haben ein Kind bekommen – herzlichen Glückwunsch! Neben der Tatsache, dass Sie sich nun an einen völlig veränderten Alltag gewöhnen müssen, stehen einige wichtige Entscheidungen an.

Zunächst einmal: Wie gestalten Sie und – falls vorhanden – Ihr Partner oder Ihre Partnerin die Familienarbeit? Wer setzt im Beruf wie lange aus? Wer tritt im Job eventuell auch mittel- und langfristig kürzer? Wechseln Sie sich nach einigen Jahren ab? Das sind wichtige Weichenstellungen, die Ihr Einkommen und das der Familie in den nächsten Jahren prägen werden.

Der Staat unterstützt junge Familien seit vielen Jahren mit dem Elterngeld und dem Elterngeld Plus. Ziel ist, Väter stärker zur Familienarbeit zu motivieren. Paare haben damit verschiedene Möglichkeiten, eine Auszeit im Job zu nehmen, in Teilzeit zu arbeiten und sich die Familienarbeit gerechter aufzuteilen. Wer sich früh beraten lässt, kann mehr daraus machen – und so ein kleines Polster für die Altersvorsorge oder für die Kinder schaffen. Die Stiftung Warentest hat mehrere Beratungsstellen getestet, vier gemeinnützige sowie vier kommerzielle. Die Beratungen bei Arbeiterwohlfahrt (AWO), Caritas, Diakonie und Pro familia sind meist kostenlos oder kosten nur wenig. Die kommerziellen Anbieter Einfach Elterngeld, Elterngeldexperten, Elterngeld.net sowie Elterngeldhelden lassen sich ihre Dienste mit Gebühren zwischen 120 und 149 Euro bezahlen. Im Test kam heraus, dass diese Spezialisten im Detail oft besser Bescheid wissen.

Elterngeld

Das Basiselterngeld beträgt maximal 1800 Euro pro Monat. Nimmt ein Elternteil die vollen zwölf Monate, kommen noch zwei weitere Monate für den Partner dazu, in denen das Elterngeld weitergezahlt wird. Einige Punkte sind beim Elterngeld besonders wichtig.

Punkt 1: Bestimmen Sie den Lohnzeitraum korrekt, der für das Elterngeld relevant ist. Das Elterngeld beträgt in der Regel 65 Prozent des Nettoeinkommens vor der Geburt, maximal 1800 Euro. Ein Elternteil kann höchstens zwölf Monate lang Basiselterngeld bekommen. Aus zwölf Einkommensmonaten – das ist der sogenannte Bemessungszeitraum – ermittelt die Elterngeldstelle einen Durchschnittslohn. Davon werden Steuern und Sozialabgaben abgezogen und wird das Elterngeldnetto errechnet. 65 Prozent davon ergeben dann das monatliche Basiselterngeld. Der erste Fallstrick ist, dass bei Frauen der Bemessungszeitraum aus den zwölf Monaten vor Beginn des Mutterschutzes und nicht vor der Geburt besteht. Das ist wichtig, wenn Sie sich das Elterngeld selbst ausrechnen. Wenn Sie eventuell Monate aus dem Mutterschutz mit wenig oder keinem Einkommen in die Berechnung einbeziehen, kommen Sie auf weniger Elterngeld, als Ihnen zusteht.

Punkt 2: Einkünfte aus selbstständigen Nebentätigkeiten verkomplizieren die Berechnung. Wenn Sie sogenannte Mischeinkünfte haben, werden Sie in Sachen Elterngeld oft wie Selbstständige behandelt. Dann ist der Lohnzeitraum, der fürs Elterngeld relevant ist, das letzte abgeschlossene Kalenderjahr und nicht die zwölf Monate vor dem Mutterschutz. Tipp: Betrugen die Nebeneinkünfte weniger als 35 Euro pro Monat, können Sie im Elterngeldformular beantragen, dass diese Einkünfte nicht berücksichtigt werden. Dann gilt für Sie der Bemessungszeitraum für Nichtselbstständige.

Punkt 3: Achten Sie auf Gehaltsbestandteile, die neben Ihrem Arbeitslohn auf der Gehaltsabrechnung auftauchen, etwa Beiträge zur betrieblichen Altersvorsorge oder Fahrtkostenzuschüsse. Letztere erhöhen beispielsweise das Elterngeld, Altersvorsorgebeiträge dagegen nicht.

Elterngeld Plus

Wenn Sie schon bald nach der Geburt Ihres Kindes wieder in Teilzeit arbeiten wollen, können Sie mehr aus der staatlichen Unterstützung holen, wenn Sie die Variante Elterngeld Plus wählen. Die Idee dahinter ist, es Müttern leichter zu machen, früher wieder in den Beruf einzusteigen, und auch Vätern zu ermöglichen, mehr Zeit mit ihren Kindern zu verbringen. Denn die Kürzung beim Elterngeld Plus durch einen Hinzuverdienst fällt im Vergleich zum Basiselterngeld geringer aus. Diese Variante soll also einer besseren Vereinbarkeit von Familie und Beruf dienen.

Sechs Tipps für mehr Netto

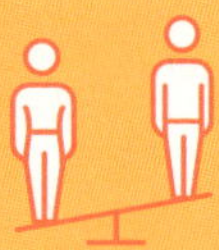

Abzüge als Paar gerecht verteilen: Beim gemeinsamen Steuerklassenwechsel in die Klassen IV oder IV plus Faktor wird die monatlich zu zahlende Lohnsteuer gerechter auf beide verteilt.

Für den Notfall besser absichern: Fließt aufgrund von Arbeitslosigkeit, Kurzarbeit oder einer längeren Krankheit das bisherige Gehalt nicht mehr wie gewohnt, springt der Staat ein. Ehepaare und Alleinerziehende können mit einem Wechsel der Steuerklasse ihren Anspruch auf Lohnersatz erhöhen.

Ausgaben direkt geltend machen: Wer sich für eigene Ausgaben Freibeträge in die Lohnsteuerdaten eintragen lässt, muss nicht erst den Steuerbescheid abwarten. Er oder sie bekommt schon im Laufe des Jahres weniger vom monatlichen Bruttogehalt abgezogen.

Über geldwerte Extras verhandeln: Arbeitgeber dürfen Beschäftigten verschiedene Extras steuer- und sozialabgabenfrei gewähren, etwa ein ÖPNV-Ticket, Tankgutscheine oder einen Zuschuss zum Kitabeitrag.

Chance auf mehr Arbeitszeit nutzen: Gelingt es, das Arbeitspensum auszuweiten, steigt das Bruttogehalt und damit steht letztlich auch netto mehr Geld zur Verfügung.

Im Nebenjob clever dazuverdienen: Wollen Teilzeitbeschäftigte einen Zusatzjob annehmen, ist es oft attraktiv, Zeit- und Verdienstgrenzen einzuhalten, um netto möglichst gut dazustehen.

Jeden der maximal 14 Monate Basiselterngeld können Sie als Paar in zwei Elterngeld-Plus-Monate umwandeln. Wenn Sie das für alle Monate machen, können Sie also insgesamt 28 Monate Elterngeld Plus beantragen. Allerdings beträgt es nur die Hälfte des Basisbetrags, also maximal 900 Euro. Dieser Schritt lohnt sich daher nur, wenn Sie in Teilzeit arbeiten. Dann verdoppeln Sie die Auszahlungszeit und bekommen unter dem Strich mehr Geld vom Staat. Auch steuerlich kann sich das Strecken des Elterngeldes auszahlen, da Sie die Leistungen über zwei Kalenderjahre beziehen und so die Steuerlast verringern. Das alles klingt komplizierter, als es ist, wie ein vereinfachtes Beispiel zeigt:

IM BEMESSUNGSZEITRAUM vor der Geburt hat Sophie durchschnittlich 2000 Euro netto verdient. Mit ihrer Teilzeitstelle nach der Geburt mit 18 Wochenstunden verdient sie 900 Euro. Sie hat nun also 1100 Euro weniger. Das Elterngeld soll das fehlende Einkommen ausgleichen, deshalb dient dieser Fehlbetrag als Grundlage für die weitere Berechnung: Bezöge die Mutter Basiselterngeld, bekäme sie 715 Euro (1100 Euro x 65 Prozent) für den gewählten Zeitraum von 10 Monaten. Entschiede sie sich für das Elterngeld Plus, bekäme sie die 715 Euro 20 Monate lang.

Sie sollten sich zudem Gedanken darüber machen, wie hoch Ihr optimaler Verdienst ist, um möglichst viel Elterngeld Plus zu bekommen. Dazu gibt es eine Faustregel: Ist das Nettoeinkommen aus der Teilzeitarbeit ungefähr halb so hoch wie das Nettogehalt vor der Geburt, holen Eltern das meiste heraus.

Richtige Steuerklasse: Eine weitere Möglichkeit, um das Elterngeld um Tausende Euro zu erhöhen, haben verheiratete Paare, wenn sie spätestens mit Bekanntwerden der Schwangerschaft beim Finanzamt ihre Steuerklassen ändern und diese geschickt verteilen. Das ist noch bis zum Jahr 2030 sinnvoll. Dann sollen diese Steuerklassen laut politischem Willen abgeschafft werden.

Viele Ehepaare, die sehr unterschiedliche Einkommen haben, entscheiden sich für die Steuerklassen 3 und 5. Das erhöht ihr monatliches Nettoeinkommen. Geht es aber um das Elterngeld, kann eine andere Verteilung sinnvoller sein. Wer von beiden mehr Elterngeldmonate in Anspruch nehmen will, sollte schon früh vor der Geburt in der Steuerklasse 3 sein. Das gilt auch dann, wenn er oder sie weniger verdient als der Partner oder die Partnerin. Denn die Steuerklasse 3 erhöht das Nettoge-

Quelle: test.de

halt und somit das Elterngeld. Nach dem Wechsel ist zwar erst einmal weniger Geld auf dem Konto, aber das wird mit der Steuererklärung später wieder ausgeglichen. In der Regel gibt es dann eine Nachzahlung vom Finanzamt. Achtung: Wer als Mutter angestellt ist, muss spätestens im siebten Kalendermonat vor Beginn des Mutterschutzes den Wechsel in die Steuerklasse 3 beantragen. Sonst hat das keine Wirkung mehr auf ein erhöhtes Elterngeld.

Wollen Sie womöglich bald weitere Kinder haben? In einer Beratung sollte dieses Thema unbedingt angesprochen werden, denn es ist für die Planung des Elterngelds wichtig. Auch dies verdeutlicht ein Beispiel: Eine Frau bekommt nach der Geburt des ersten Kindes zwölf Monate lang Basiselterngeld. Dann pausiert sie im Job. 20 Monate später kommt das zweite Kind zur Welt. In den Bemessungszeitraum für das Elterngeld für das jüngere Kind fallen nun sechs Monate ohne Einkommen, die Zeit zwischen dem Ende des Elterngelds vom ersten Kind und dem Mutterschutz für das zweite Kind. In einer guten Beratung hätte man der Mutter empfohlen, für das erste Kind bis wenigstens zum 14. Lebensmonat Elterngeld Plus zu wählen. Denn alle Elterngeld-Monate bis dahin werden aus dem Bemessungszeitraum für das zweite Kind ausgeklammert und durch Monate aus der Zeit vor der ersten Geburt ersetzt. Das Elterngeld wäre also beim zweiten Kind entsprechend höher ausgefallen.

Arbeiten in Teilzeit

Für viele Menschen, die sich um Kinder oder andere Angehörige kümmern, ist die Teilzeitarbeit die einzige Möglichkeit, Beruf und Familie zu vereinbaren. Das hat Vor-, aber auch jede Menge Nachteile.

In Deutschland hinken wir in Sachen gute Ganztagsschulen und verlässliche sowie qualitativ hochwertige Kinderbetreuung hinterher. Daher haben vor allem Eltern oft keine andere Wahl, als die Arbeitszeit eines Partners zu verringern. Knapp zwei Drittel der berufstätigen Mütter mit minderjährigen Kindern arbeiten hierzulande mit reduzierter Stundenzahl.

Damit nehmen sie Einkommenseinbußen in Kauf, die sie im gesamten Lebensverlauf nicht mehr aufholen können. Da hilft nur: mit dem Partner darüber sprechen und Wege finden, um diese Einbußen gerecht auszugleichen.

Studien zufolge möchten viele Menschen in Teilzeit gern mehr arbeiten und ihre Stundenzahl erhöhen. Ihre Lebenssituation hat sich so verändert, dass das für Sie möglich ist? Dann sprechen Sie Ihren Arbeitgeber darauf an. Ob sich die Erhöhung der Stundenzahl für Sie lohnt, können Sie mit dem Teilzeitrechner der Stiftung Warentest unter test.de/teilzeitrechner herausfinden (kostenpflichtig).

Außerdem sollten Sie versuchen, wenigstens das meiste aus Ihrem Gehalt zu holen. Wenn Sie vorher in Vollzeit gearbeitet haben, merken Sie die Auswirkungen der Teilzeitarbeit bald bei Ihrem Bruttogehalt. Kommen dann zum ohnehin niedrigen Bruttogehalt noch viele Abzüge hinzu, schmerzt das besonders. Aber es gibt Möglichkeiten, mit denen Sie weniger Abzüge zahlen. Vor allem an der Lohnsteuerschraube können Sie drehen.

Wenn ein Partner deutlich weniger verdient als der andere, entscheiden sich viele Paare für die Kombination aus den Steuerklassen 3 und 5. In der Steuerklasse 3 wird vom höheren Gehalt monatlich weniger abgezogen und es bleibt mehr in der Familienkasse. Dafür zahlt jedoch der Partner mit dem geringeren Gehalt mehr Steuern. Dieser Unterschied zwischen den beiden Steuerzahlern wird bei der jährlichen Steuererklärung zwar wieder ausgeglichen. Dennoch fühlt es sich für den geringer Verdienenden jeden Monat so an, als bliebe von seinem Gehalt nicht viel übrig, als lohne es sich nicht, die Arbeitszeit zu erhöhen. Innerhalb der Partnerschaft können Sie dies finanziell untereinander ausgleichen. Oder Sie wählen die Steuerklasse 4 mit Faktor, mit der die monatlich zu zahlende Lohnsteuer gerechter auf beide verteilt wird. Wer besser verdient, zahlt dann zwar monatlich mehr, allerdings winkt dann am Jahresende eine kräftige Steuererstattung. Bei der Kombination aus den Steuerklassen 3 und 5 muss man hingegen eher nachzahlen. Es gibt seit Jahren immer wieder den Versuch, diese beiden Steuerklassen wegen der gefühlten Ungleichheit abzuschaffen – bisher allerdings erfolglos.

Generell gilt: Prüfen Sie, ob sich ein Wechsel der Steuerklasse lohnt oder Sie zusätzliche Freibeträge beantragen können, zum Beispiel für selbst bezahlte Fortbildungen. Auf diese Weise können Sie Ihr Monatsnetto erhöhen.

Singles haben diese Wahlmöglichkeit nicht, sie gehören immer der Steuerklasse 1 mit den höchsten Abzügen an. Alleinerziehende können die für sie günstigere Steuerklasse 2 wählen. Damit können sie den Entlastungsbetrag für Alleinerziehende von derzeit 4260 Euro (Stand 2025) in Anspruch nehmen.

Manchmal geschieht Unvorhergesehenes. Vielleicht ordnet der Arbeitgeber Kurzarbeit an. Dann sind Sie auf Lohnersatzleistungen angewiesen. Die fallen je nach Steuerklasse unterschiedlich aus. Wenn Sie also damit rechnen, dass so etwas bevorsteht, sollten Sie eventuell vorher in die Steuerklasse 4 wechseln, denn das erhöht Ihr Kurzarbeitergeld. Auch wenn Sie bald Elterngeld beziehen wollen, ist ein Wechsel möglicherweise sinnvoll. Weitere nützliche Tipps für mehr Netto vom Brutto sind:

Ausgaben direkt geltend machen. Bei der Steuererklärung können Sie Ausgaben etwa für den Arbeitsweg, für das Homeoffice oder für Fortbildungen geltend machen und so eine Steuererstattung erhalten. Es ist auch möglich, sich zusätzliche Freibeträge für eigene Ausgaben direkt in die Lohnsteuerdaten eintragen zu lassen. Damit haben Sie sofort weniger Abzüge und müssen nicht den Steuerbescheid abwarten. Den Antrag auf Lohnsteuerermäßigung können Sie über das Elster-Portal der Finanzverwaltung stellen oder ihn online herunterladen.

Im Nebenjob dazuverdienen. Sie haben noch Kapazitäten, können aber bei Ihrem aktuellen Arbeitgeber Ihre Stunden nicht aufstocken? Dann kommt vielleicht ein Nebenjob infrage. Allerdings sollten Sie hier genau auf die Zeit- und Verdienstgrenzen achten, damit Sie keine zusätzlichen Sozialabgaben zahlen. Sie dürften höchstens 556 Euro (Stand 2025) im Monat hinzuverdienen. Nebentätigkeiten sind in der Regel erlaubt, es empfiehlt sich jedoch, den Arbeitgeber zu informieren, um eventuelle Konflikte zu vermeiden.

Wahl der gesetzlichen Krankenkasse. Arbeitnehmer in Deutschland zahlen obligatorisch Sozialversicherungsbeiträge. Jeden Monat wird ein bestimmter Prozentsatz für die Renten-, Pflege- und Arbeitslosenversicherung vom Lohn abgezogen. An diesen Posten können Sie grundsätzlich nichts ändern. Worauf Sie allerdings Einfluss haben, ist die Wahl Ihrer Krankenkasse: Unterschiedliche Kassen haben verschiedene Zusatzbeiträge, die zusätzlich zum Beitragssatz fällig werden. Wenn Sie also in eine günstigere Kasse wechseln, lassen sich auch beim Teilzeitjob die Abzüge reduzieren. Das könnte vor allem seit den Beitragserhöhungen im Jahr 2025 interessant für Sie sein.

Geld zurücklegen als Selbstständige

Wer sich selbstständig macht, hat mehr Freiheiten, muss sich aber auch mehr kümmern – nicht nur um sein Einkommen, sondern auch um seine Altersvorsorge. Je früher Sie damit anfangen, desto besser.

Da Sie als Selbstständige nicht in die gesetzliche Rente einzahlen, ist es für Sie umso wichtiger, ein passendes Portfolio zu haben und es regelmäßig zu besparen. Als Basisabsicherung eignet sich außerdem eine private Rentenversicherung, etwa in Form einer Rürup-Rente oder einer fondsgebundenen Rentenversicherung (siehe „Unverzichtbar: Die private Vorsorge", S. 130). Selbstständige haben in der Regel ein schwankendes Einkommen. Es gibt gute und weniger gute Monate. Egal jedoch, wie es zwischenzeitlich läuft: Behalten Sie Ihr längerfristiges Ziel und eine ausreichende Altersvorsorge im Auge. Schon kleine Beträge, die Sie in einen ETF-Sparplan einzahlen, sind sinnvoll: Die regelmäßigen Einzahlungen und vor allem der Zinseszinseffekt wirken zu Ihren Gunsten.

Auch bei der Krankenversicherung sind Selbstständige auf sich gestellt. Überlegen Sie also, welche Alternative für Sie günstiger ist: die freiwillige Versicherung in einer gesetzlichen Krankenkasse oder eine private Krankenversicherung (PKV). Die Beiträge der privaten Krankenversicherungen sind zwar in jungen Jahren niedriger. Aber im Alter steigen die Beiträge stark an und können dann schnell zu einer Belastung werden – zumal Sie im Alter mit einem geringeren Einkommen rechnen müssen. Gute Tarife in der privaten Krankenversicherung bieten allerdings bessere Leistungen als die gesetzlichen Krankenkassen. Laut Stiftung Warentest eignet sich die private Versicherung vor allem für Beamte und Beamtinnen, die von ihrem Arbeitgeber einen Zuschuss zu den Beiträgen erhalten. Für Selbstständige und Angestellte ist die PKV nur dann geeignet, wenn sie davon ausgehen können, ein dauerhaft stabiles Einkommen erzielen zu können.

Grundsätzlich können sich Selbstständige und Freiberuflerinnen freiwillig in einer gesetzlichen Krankenkasse versichern. Das tun aktuell rund 1,5 Millionen Menschen. In der gesetzlichen Krankenversicherung sind die Beiträge für Selbstständige (und Angestellte) einkommensabhängig. Anders als Angestellte, bei denen der Arbeitgeber die Hälfte des Beitragssatzes von 14,6 Prozent (Stand 2025) zahlt, müssen Selbstständige den gesamten Beitragssatz plus Zusatzbeitrag, der vom Bundesministerium für Gesundheit auf durchschnittlich 2,5 Prozent festgelegt wurde, jedoch von Kasse zu Kasse unterschiedlich hoch sein kann, selbst übernehmen. Der Mindestbeitrag für Selbstständige liegt bei 205,35 Euro, mit Anspruch auf Krankengeld bei 213,84 Euro monatlich. Er wird auf Basis einer sogenannten „Mindesteinnahme" von 1248,33 Euro pro Monat berechnet und auch fällig, wenn Sie weniger verdienen. Danach steigt der Beitrag bis zum Höchstsatz von rund 940 Euro monatlich an. Die Beiträge für die Pflegeversicherung kommen noch dazu.

Bedenken Sie: Wenn Sie sich für eine private Krankenversicherung entscheiden, können Sie nur unter bestimmten Bedingungen – etwa im Fall einer Arbeitslosigkeit – wieder in die gesetzliche Krankenversicherung zurückkehren. Für diesen Wechsel gibt es zudem eine Altersgrenze von 55 Jahren, danach ist er nicht mehr möglich. Sind Sie privat versichert, müssen Sie schon während Ihrer Berufstätigkeit Rücklagen für Ihre Krankenkassenbeiträge im Alter bilden. Dafür bietet sich das Anlagekonzept Pantoffel-Portfolio der Stiftung Warentest an (siehe „Einfach anlegen: Das Pantoffel-Portfolio", S. 101).

Wenn Sie selbstständig sind und Kinder haben, wird es besonders interessant: Denn die Kinder müssen dann privat versichert werden, wenn der privat versicherte Partner mehr verdient als derjenige, der in der gesetzlichen Krankenkasse versichert ist. Seit 2025 ist ein Wechsel in eine private Krankenversicherung als Angestellter nur möglich, wenn man mehr als 73 800 Euro brutto pro Jahr (Stand 2025) verdient. Das entspricht einem Monatsbruttogehalt von 6150 Euro. Falls Sie Ihre Kinder privat versichern müssen, werden pro Kind zwischen 50 und 265 Euro pro Monat fällig. Sind beide Partner dagegen gesetzlich versichert, sind ihre Kinder automatisch beitragsfrei in der Familienversicherung mitversichert. Sind beide Elternteile privat versichert, haben sie keine Wahl. Ihre Kinder müssen dann privat krankenversichert werden.

Haben Sie einen künstlerischen oder publizistischen Hauptberuf, können Sie sich über die Künstlersozialkasse pflichtversichern lassen. Das ist vor allem bei niedrigen Einkünften günstig. Allerdings müssen Sie ein voraussichtliches Jahresarbeitseinkommen von mindestens 3900 Euro im Jahr haben, um in die Künstlersozialkasse aufgenommen zu werden.

05

Investieren für die Zukunft

Sicher ist sicher: Bankeinlagen

Tages- und Festgeld sind sichere Bausteine bei jeder Geldanlagestrategie. Aber nicht alle Angebote sind gleich gut. Prüfen Sie deshalb genau, für welches Sie sich entscheiden.

Wenn Sie Ihr Geld auf einem Tages- oder Festgeldkonto als Bankeinlagen anlegen, sind Sie immer auf der sicheren Seite. Allerdings hat diese Sicherheit ihren Preis: Sie erzielen nur relativ niedrige Renditen. Dennoch sollten Sie immer einen Teil Ihres Kapitals in sichere Anlagen stecken und dafür eignen sich diese beiden Anlageformen ganz hervorragend.

Das Tagesgeldkonto

Geld auf einem Tagesgeldkonto ist stets verfügbar. Sie können es sofort abheben, wenn Sie es brauchen. Ein Tagesgeldkonto ist damit der geeignete Ort für Ihre eiserne Reserve, die – wenn möglich – zwei bis vier Monatsnettogehälter betragen sollte.

Allerdings lohnt es sich, die verschiedenen Angebote zu vergleichen. Entscheiden Sie sich für ein Tagesgeldkonto bei einer Bank, die vergleichsweise hohe Zinsen zahlt. Die Zinssätze ändern sich regelmäßig, weil sie an das Zinsniveau der Europäischen Zentralbank angelehnt sind. Manche Banken geben höhere Zinsen nicht direkt an ihre Kunden weiter, daher ist ein bisschen Recherche sinnvoll. Außerdem gibt es oft günstige Konditionen für Neukundinnen, die allerdings häufig für einen gewissen Zeitraum befristet sind.

Auf test.de/tagesgeld finden Sie regelmäßig aktualisierte Tagesgeld-Konditionen verschiedener Banken. Zu Ihrer Sicherheit empfiehlt die Stiftung Warentest nur Kreditinstitute aus Ländern, die eine Einlagensicherung von mindestens 100 000 Euro gewährleisten. Das bedeutet, dass Ihnen im Fall einer Pleite der Bank dieser Betrag auf jeden Fall ausgezahlt wird. Solche Banken sind überwiegend in der EU, in Großbritannien und dem Europäischen Wirtschaftsraum (EWR) angesiedelt. Zu Letzterem gehören neben den EU-Staaten auch Norwegen, Island und Liechtenstein. Bei Nicht-EU-Ländern erfolgt die Entschädigung zum Gegenwert der jeweiligen Landeswährung. Je nach Wechselkurs können das allerdings weniger als 100 000 Euro sein. Die Stiftung Warentest empfiehlt daher für solche Länder Einlagen nur in Höhe von 80 000 bis 85 000 Euro. Achten Sie darauf, dass der Staat, in dem die Bank sitzt, eine Topbonität hat. Die Bonität, die die Ratingagenturen Fitch, Moody´s und Standard & Poor´s bewerten, sollte ein Rating von AAA oder AA haben. In unserer kostenlosen Übersicht unter test.de/einlagensicherung finden Sie solche Länder.

Was sind Ratingagenturen? Eine Ratingagentur bewertet etwa Unternehmen, Länder oder Städte danach, wie sicher es ist, Geld an sie zu verleihen. So können Investoren besser entscheiden, wem sie ihr Geld anvertrauen. Ähnlich wie in der Schule vergeben die Agenturen dafür Noten, die in der Finanzwelt Ratings genannt werden. Die Ratings der Agenturen beeinflussen, wie viele Zinsen der Anbieter eines Finanzprodukts zahlen muss, wenn er sich bei den Anlegern Geld leiht. Ein gutes Rating eines Staates sorgt dafür, dass Anleger Vertrauen in seine Wirtschaft, Banken und staatlichen Schuldverschreibungen haben.

Das Festgeldkonto

Sie wollen über den Notgroschen hinaus Geld ohne jedes Verlustrisiko anlegen und sind sich sicher, für eine bestimmte Zeit auf das Geld verzichten zu können? Dann kommt das Festgeld ins Spiel. Anders als beim Tagesgeld legen Sie sich hierbei auf bestimmte Laufzeiten fest. Sie stellen der Bank Ihr Kapital also für einen vorher vereinbarten Zeitraum zur Verfügung. Dafür belohnt Sie die Bank mit Sicherheit und einem garantierten Zins, der allerdings im Vergleich zu anderen Anlageformen oft relativ niedrig ausfällt. Dennoch sind die Zinssätze beim Festgeld häufig höher als beim Tagesgeld, denn die Bank weiß sicher, wie lange ihr das Geld zur Verfügung steht. Regelmäßig aktualisierte Vergleiche von Festgeldangeboten finden Sie unter test.de/festgeld (kostenpflichtig). Sie können dort nach Anbietern oder nach dem Zinssatz suchen. Wählen Sie die zweite Option, um einen Überblick über die attraktivsten Angebote zu bekommen. Wenn Sie wissen wollen, wie viel Ihr Geld abwirft, sind Sie hier richtig, denn Sie können die Zinsen genau ausrechnen.

Ein weiterer Service der Stiftung Warentest ist die regelmäßige Information über unseriöse Angebote. Die gibt es reichlich: Traumhafte Zinsen in kurzer Zeit – solche Versprechungen klingen zwar verlockend, erfüllen sich in der Regel aber nicht. Schon bei Angeboten, die nur ein bis zwei Prozentpunkte höher liegen als üblich, rät die Stiftung Warentest zur Vorsicht. Kundinnen haben bei windigen Angeboten bis hin zum Totalverlust schon alles erlebt. Auf welche Warnzeichen Sie bei Festgeld- oder Tagesgeldangeboten achten sollten, lesen Sie unter test.de/zinsportale-warnzeichen. Unter test.de/warnliste finden Sie zudem eine frei zugängliche Warnliste zu unseriösen Anbietern und Finanzprodukten, die in der Regel monatlich aktualisiert wird.

Die Stiftung Warentest rät beim Festgeld zur Zinstreppen-Strategie. Das ist ein Vorgehen, das Sicherheit und Flexibilität mit attraktiven Renditen verbindet. Wie genau funktioniert das?

ZINSTREPPE. Sie legen Ihr Spargeld auf Festgeldkonten mit unterschiedlichen Laufzeiten zwischen ein und fünf Jahren an. Wenn nach einem Jahr das erste Festgeld ausläuft, legen Sie es für fünf Jahre zu den dann geltenden Konditionen an. So gehen Sie weiter mit den jeweils auslaufenden Festgeldern vor. Empfehlenswert ist, die Anlagesumme gleichmäßig auf verschiedene Laufzeiten aufzuteilen. Wollen Sie etwa 50 000 Euro so investieren, bekäme jede Laufzeit 10 000 Euro.

Auf diese Weise haben Sie immer einen Teil Ihres Geldes relativ schnell verfügbar und können es zu dann möglicherweise besseren Konditionen wieder anlegen. Die Treppe eignet sich besonders, wenn Sie keinen festen Anlagezeitraum vor Augen haben, sondern zum Beispiel einen Teil Ihres Geldes sicher für die Altersvorsorge anlegen wollen.

Die Zinstreppe ist kein fertiges Anlageprodukt, das Sie so bei einer Bank kaufen können. Sie selbst bauen sich individuell Ihre Anlagestrategie für Festgelder. Möglicherweise haben Sie damit anfangs eine geringere Gesamtverzinsung, als wenn Sie alles auf einmal für einen längeren Zeitraum investieren würden. Aber dafür bewahren Sie sich mit diesem Vorgehen eine höhere Flexibilität. Wenn Sie das meiste für sich herausholen wollen, müssen Sie sich ein bisschen umschauen. Häufig bietet ein Kreditinstitut nicht für alle Laufzeiten, die Sie sich wünschen, die besten Zinsen. Eine Bank bietet gute Konditionen für dreijährige Laufzeiten, eine andere bessere für die Dauer von fünf Jahren? Dann schließen Sie bei beiden ab und sichern sich so überall die besten Konditionen.

Sie können die Treppe so hoch oder lang machen, wie Sie möchten. Die Stiftung Warentest empfiehlt jedoch, in Zeiten niedriger Zinsen eine Treppe mit Laufzeiten bis zu vier oder fünf Jahren zu bilden. So können Sie schneller auf einen Zinsanstieg reagieren.

Börseneinstieg für alle: ETF

Mehr aus dem Spargeld herausholen können Sie mit einer Investition in Aktien. Dass ETF hierfür die richtige Wahl sind, hat sich mittlerweile herumgesprochen. Aber wie finden Sie den richtigen Fonds?

ETF: Alle reden darüber, viele haben längst welche – und trotzdem sind sie anfangs ein bisschen schwer zu verstehen. ETF steht für Exchange Traded Funds, also für Indexfonds, die an der Börse gehandelt werden. Was aber bedeutet das genau? Wieso sind ETF relativ sicher und wie bekommen Sie sie möglichst kostengünstig?

Indexfonds wurden von John C. Bogle, dem Chef einer amerikanischen Investmentgesellschaft, erfunden, und zwar schon 1975. Er hatte sich gewundert, warum er und seine hochbezahlten Fondsmanager es nicht schafften, mit einer handverlesenen Aktienauswahl besser abzuschneiden als das wichtigste US-Börsenbarometer, der Aktienindex Standard & Poor´s 500 (S&P 500). Die Fondsmanager suchten immer die Nadeln im Heuhaufen, also die am besten laufenden Aktien, und fanden sie nicht verlässlich. Da kam Bogle eine Idee: Warum nicht den ganzen Heuhaufen kaufen? Er wies seine Mitarbeitenden an, alle Aktien, die in dem Index vertreten waren, gemäß ihrer Gewichtung zu kaufen. Damit war die Nachbildung eines Index geboren. Diese Indexnachbildung ist das Wesen eines ETF. Heutzutage gibt es ETF auf viele der weltweit Hunderten von Börsenindizes in verschiedenen Sektoren.

Ein Index ist der Versuch, das unübersichtliche Geschehen an den Börsen übersichtlicher zu machen. Indizes bilden die Entwicklung eines bestimmten Wertpapiermarkts ab und werden häufig als Börsenbarometer bezeichnet. Entwickelt werden sie von Börsen, Finanzdienstleistern und Verlagen. Je nach Ziel des Index enthält er verschiedene Aktien, die nach bestimmten Kriterien ausgewählt werden. Beispielsweise enthält der Dax, der von der Deutschen Börse erstellt wird, die 40 größten deutschen Aktiengesellschaften. Zusammengefasst heißt das: ETF hängen sich sozusagen an diese Atienindizes dran. Sie sammeln das Geld vieler Anleger ein und investieren es in Aktien, Anleihen oder auch Rohstoffe, die in bestimmten Indizes enthalten sind. Ein ETF ist damit eine Spielart von Investmentfonds. Der Vorteil ist allerdings, dass Sie keinen Fondsmanager mitfinanzieren müssen. Fondsmanager erhalten ein stattliches Gehalt dafür, dass sie Fondsaktien auswählen. Bei einem Indexfonds erfolgt die Aktienauswahl automatisch, da er einen bestimmten Index nachbildet. Wegen der geringeren Kosten im Vergleich zu aktiv gemanagten Fonds bleibt bei ihm mehr von der Rendite für Sie übrig. Diese Kostenvorteile machen sich besonders stark bemerkbar, wenn Sie mit wenig Geld anfangen, sich eine Rücklage aufzubauen, indem Sie jeden Monat einen kleinen Betrag in einen ETF einzahlen. Viele Banken und Onlinebroker bieten Sparpläne bereits ab 10 Euro pro Monat an.

Auch ETF sind natürlich Kursschwankungen unterworfen, aber das Risiko eines Totalverlusts ist bei ETF auf breit streuende Indizes wesentlich geringer als bei Einzelaktien. Über einen längeren Zeitraum sind – Inflation und die anfallenden Steuern eingerechnet – gute Renditen wahrscheinlich. Generell gilt: Sie sollten einen ETF mindestens 10, besser 15 Jahre halten, um Schwankungen an der Börse auszugleichen. Das ist eindeutig eine Anlage für den langen Atem.

Die Qual der Wahl

Je nach Ihren Vorlieben können Sie sich aus dem reichhaltigen ETF-Angebot aussuchen, was zu Ihnen passt. Für ein Basisinvestment empfiehlt die Stiftung Warentest einen globalen ETF, also einen Fonds, der möglichst breit über Länder und Branchen hinweg investiert. Ein solcher ETF ist auch für Menschen ohne jegliche Finanz- und Wirtschaftskenntnisse interessant.

MSCI WORLD INDEX: Der MSCI World ist der renommierteste globale Aktienindex. Er wird vom US-Finanzdienstleister MSCI Inc. (ehemals „Morgan Stanley Capital International") herausgegeben. Der MSCI World repräsentiert große und mittelgroße Aktienunternehmen aus 23 Industrieländern mit rund 1400 Unternehmen. Er deckt damit 85 Prozent der westlichen Börsenmärkte ab.

Mit knapp 74 Prozent (Stand Ende 2024) sind Unternehmen aus den USA darin am stärksten vertreten. Danach folgen Japan (circa 5 Prozent) und Großbritannien (circa 3 Prozent). Die häufigsten Branchen in diesem Index sind Informationstechnologie (circa 25 Prozent), Finanzdienstleis-

So funktioniert ein ETF

ETF sind eine geniale Anlage. Mit wenig Geld kann man breit gestreut an der Börse investieren, weil man sich am großen Fondstopf beteiligt. ETF sind zudem kostengünstig, da sie einem klar definierten Standardrezept folgen.

Indexanbieter: Die Bibliothekarin

Eine Bibliothekarin, wie etwa die Experten von MSCI oder S&P, erstellt einen Katalog weltweit bedeutender Bücher (Aktien). Sie entscheidet, welche Werke in welchem Umfang in die Sammlung aufgenommen werden – quasi die Kuratorin der Bibliothek. Meist orientiert sie sich an der Bedeutung des Werks. Das bedeutet: Ein viel gelesenes, einflussreiches Buch (ein Unternehmen mit hoher Marktkapitalisierung) erhält mehr Regalplatz, während Nischenwerke weniger Präsenz haben.

Fondsgesellschaft: Die Bibliothek

Die Bibliothek selbst sammelt und verwaltet alle Bücher gemäß dem von der Bibliothekarin erstellten Katalog. Im Gebäude stehen Werke (wie Aktien, Anleihen oder Gold) in genau dem Verhältnis, das der Katalog vorgibt. Bei umfassenden Sammlungen wie dem MSCI World befinden sich mehr als 1400 verschiedene Bücher in den Regalen.

Anlegerin: Die Bibliotheksnutzerin

Mit dem Erwerb eines ETF-Anteils erhalten Sie als Nutzerin einen Zugangspass zur gesamten Bibliothek. Dieser Zugang ist gesetzlich als Sondervermögen geschützt – selbst wenn die Bibliothek schließen müsste, behalten Sie Ihr Anrecht auf die Bücher. Der Wert Ihres Bibliotheksausweises entwickelt sich parallel zum Wert der gesamten Buchsammlung.

tungen (circa 16 Prozent) und Industriewerte (circa 11 Prozent). Mit einem Investment in den MSCI World Index mittels eines ETF partizipieren Sie neben Kursgewinnen an den Dividenden der Unternehmen.

Weitere für Anfängerinnen gut geeignete ETF für den langfristigen Vermögensaufbau sind neben dem MSCI World der MSCI All Country World (ACWI), in dem auch Schwellenländer vertreten sind, der MSCI All Country World IMI (IMI steht für Investable Market Index), der auch kleinere Unternehmen abbildet (insgesamt enthält er knapp 9000 Aktien), der FTSE Developed World, der gut 2000 Unternehmen aus 25 Industrieländern abbildet sowie der FTSE All World. Letzterer umfasst rund 4300 Aktien großer, mittelgroßer und einiger kleiner Unternehmen aus Industrie- und Schwellenländern, darunter China und Brasilien. Er ähnelt damit dem MSCI All Country World Index.

Der Markt für ETF ist in den vergangenen Jahren stark gewachsen, mittlerweile gibt es auch viele spezialisierte ETF etwa für bestimmte Regionen oder Branchen. Diese Fonds streuen das Kapital in der Regel jedoch nicht so breit wie ein großer ETF auf einen Weltindex. Spezial-ETF eignen sich daher nicht als Basisanlage, sondern höchstens als Beimischung mit einem Anteil von maximal 10 Prozent am Depot. Zudem gibt es neben den Klassikern wie ETF auf Basis des MSCI World eine Menge hochriskanter ETF, mit denen man eine Menge Geld versenken kann.

Bei einigen Fonds sind genau dieselben Aktien in demselben Verhältnis enthalten wie im zugrunde liegenden Index. Diese ETF werden vollreplizierend genannt. Andere tragen die Bezeichnung „optimiert". Bei ihnen wird nur einen Teil der Aktien aus dem Index gekauft – weil es zu viele sind, um eine komplette Nachbildung zu schaffen. Das muss nicht unbedingt ein Nachteil sein. Und drittens gibt es noch ETF, die den Index künstlich abbilden, indem sie andere Wertpapiere kaufen und per Tauschgeschäft (Swap) die Indexentwicklung nachstellen.

Wichtig ist die Frage, wie der ETF die ausgeschütteten Dividenden oder Zinsen verwendet. Werden sie automatisch wieder ins Fondsvermögen übernommen, nennt man das thesaurierend. Das ist praktisch, wenn Sie vom Zinseszinseffekt profitieren und sich nicht aktiv um die Wiederanlage Ihrer Gewinne kümmern wollen. Die andere Variante ist, dass die Dividenden (siehe auch „Die Dividende", S. 99) regelmäßig ausgeschüttet und auf das Verrechnungs- oder Girokonto überwiesen werden. Wenn Sie den langfristigen Vermögensaufbau planen, wählen Sie besser die thesaurierende Variante. Wollen Sie sich jedoch mit den Erträgen die Rente aufbessern oder das zusätzliche Geld für Konsumausgaben nutzen, ist die ausschüttende Variante eine gute Wahl.

Was die Entscheidung für einen bestimmten ETF etwas schwierig macht, ist das sehr große Angebot, das es mittlerweile gibt. An der Frankfurter Börse etwa werden zurzeit mehr als 2100 ETF gehandelt. Anfängerinnen kann das leicht überfordern. Ein paar einfache Regeln sollten Sie daher bei der Auswahl beachten. Wer das tut, kann selbst als ausgesprochener Aktienmuffel an der Börse mitmischen. Um den Überblick zu behalten und sich für ein sicheres Produkt zu entscheiden, sollten Sie folgende Tipps beachten:

SCHRITT FÜR SCHRITT ZUM ETF. Legen Sie sich eine Liste von ETF auf einen Weltindex für Ihre Basisanlage bereit. Diese finden Sie in unserem Serviceteil ab Seite 150. Suchen Sie diesen ETF bei Ihrer Bank oder Ihrem Broker. Wählen Sie möglichst einen thesaurierenden Fonds aus. Falls nun noch mehrere ETF in der Auswahl sind, die das Erste-Wahl-Siegel der Stiftung Warentest tragen, können Sie ohne Bedenken irgendeinen dieser ETF wählen. Kaufen Sie also mit dem Geld, das Sie in Aktien stecken möchten, einen der infrage kommenden ETF.

Tipp: Eine Liste von weltweit anlegenden ETF, die sich für eine Basisanlage eignen, erhalten Sie auch im Fondsfinder der Stiftung Warentest (siehe test.de/fonds). Wählen Sie dort „Weitere Filter" und dann „Pantoffel-Portfolio". Wie Sie Ihr Geld am besten auf sichere Anlagen und Aktien verteilen, erklären wir im Abschnitt „Einfach anlegen: Das Pantoffel-Portfolio", ab S. 101.

Anlegen mit weniger USA?

Was manche Anlegerinnen schreckt, ist der enorm hohe Anteil von US-Unternehmen im MSCI World. Er macht mittlerweile über 70 Prozent aus. Die größten Player sind zurzeit Apple, Microsoft, der Chiphersteller Nvidia und Amazon. Der Anteil der US-Aktien ist zwar hoch, jedoch der großen globalen Bedeutung der US-Börsen geschuldet. Die Stiftung Warentest sieht breit streuende Weltaktienindizes nach wie vor als beste Lösung für langfristig orientierte Anlegerinnen. Dennoch ist spätestens seit der erneuten Wahl von Donald Trump zum US-Präsidenten im Jahr 2024 für viele Anlegerinnen die Grundsatzfrage noch relevanter geworden: Wie viel USA im Portfolio ist okay? Ob Sie sich nun Sorgen machen, dass Trumps Unberechenbarkeit die Märkte durcheinanderwirbelt, oder Sie aus politischen Gründen weniger in US-Aktien investieren wollen –

es gibt für fast alles ETF-Lösungen. Allerdings sollten Sie bedenken, dass in den vergangenen 20 Jahren der Weltindex besser gelaufen ist als zum Beispiel der europäische Markt. Ob das auch in Zukunft so sein wird, kann jedoch niemand vorhersagen. Im Folgenden finden Sie zwei Alternativen, die sich eignen, wenn Sie den US-Anteil in Ihrem Portfolio verringern wollen:

Es gibt MSCI World ETF ex USA, die die Vereinigten Staaten völlig ausschließen. Sie bestehen aus Unternehmen aus 22 Industrieländern. Schwergewichte in diesen ETF sind der niederländische Halbleiterhersteller ASML, die deutsche Softwarefirma SAP und der dänische Pharmakonzern Novo Nordisk. Ohne die sieben Tech-Giganten Alphabet, Amazon, Apple, Meta, Microsoft, Nvidia und Tesla ist der Index zudem deutlich weniger technologielastig. Diese ETF eignen sich für Anlegerinnen, die auf einfache Art den US-Anteil reduzieren wollen, wenn sie beispielsweise schon einen klassischen MCSCI World ETF im Portfolio haben und einen ex USA beimischen möchten. Wenn Sie jedoch nur auf diese ETF setzen, schließen Sie die wichtigste Börsennation und damit die großen Unternehmen, die in den letzten Jahren hauptsächlich für das Wachstum gesorgt haben, aus. Geeignete ETF sind Amundi MSCI World ex USA, UBS MSCI World ex USA und Xtrackers MSCI World ex USA.

Eine andere Alternative stellt ein ETF dar, der die Unternehmensanteile nicht nach ihrem Marktwert abbildet, sondern gleich gewichtet. Darin sind dann zwar immer noch die großen US-Unternehmen enthalten, allerdings zu einem deutlich geringeren Anteil. Der US-Anteil im Fonds sinkt dadurch auf unter 50 Prozent. Diese ETF tragen den Zusatz Equal weighted oder Equal weight im Namen. Eine geeigneter ETF ist Invesco MSCI World Equal Weight. Er enthält dieselben Unternehmen wie der MSCI World, aber jede der rund 1400 Aktien hat einen gleich hohen Indexanteil. Jedes Vierteljahr werden alle Index-Mitglieder auf einen Anteil von etwa 0,07 Prozent gesetzt. Diese Gleichgewichtung hat Auswirkungen auf die Länderstruktur, die US-Unternehmen haben so einen deutlich geringeren Anteil. Wer befürchtet, dass die weltgrößten Aktien bald deutlich an Wert verlieren könnten, oder wem der hohe US-Anteil in den gängigen Weltindizes nicht geheuer ist, kann hier zugreifen. Die entscheidende Frage ist, ob mit der Gleichgewichtung höhere Renditechancen verbunden sind oder ob sie zumindest das Risiko senkt. Beides scheint nach Einschätzung der Stiftung Warentest nicht der Fall. Es gab zwar in der Vergangenheit immer wieder Phasen, in denen sich der Equal-Weight-Index gelohnt hätte. Allerdings läuft er seit Ende 2010 dem breiten Markt deutlich hinterher, weil er die geradezu fabelhafte Wertentwicklung von Apple, Microsoft und Co. nicht abbilden konnte. Mit einem Equal-Weight-Index wetten Sie in gewisser Weise auf eine gegenteilige Marktentwicklung wie in den vergangenen fünf Jahren. Die Stiftung Warentest zählt ihn nicht zu den Basisanlagen, sieht ihn aber als Alternative für Anlegerinnen, die genau wissen, was sie wollen.

ETF kaufen

Wie kaufen Sie am besten einen ETF? Zunächst einmal geht das über eine Bank. Sie können bei jeder Bank ETF als Einmalanlage über die Börse kaufen. Im Beratungsgespräch wird dies aber nicht oft angeboten – weil die Bank daran weniger verdient. Die Kaufkosten für ETF fallen bei Onlinebrokern wie etwa Comdirect oder Consors oft günstiger aus. Der Aufstieg von sogenannten Neo-Brokern wie Trade Republic, Scalable Capital, JustTrade, Smartbroker+, Traders Place und finanzen.net Zero macht den Einstieg an der Börse immer einfacher. Mit ein paar Klicks haben Sie dort ein Depot eröffnet und Anteile an einem ETF gekauft. In den meist sehr übersichtlichen Smartphone-Apps können Sie die Entwicklung Ihrer Investition verfolgen. Wenn Sie sich konkret nach einem ETF umsehen, werden Ihnen unter anderem diese Namen begegnen:

iShares ist Weltmarktführer und die ETF-Sparte des Vermögensverwalters BlackRock. iShares bietet ETF auf alle wichtigen Aktien-, Anleihen- und Rohstoffindizes an (ishares.com).

Vanguard ist nach BlackRock der zweitgrößte Vermögensverwalter der Welt und zweitgrößter Anbieter von ETF in den USA. Seit Oktober 2017 ist Vanguard auf dem deutschen Markt vertreten (de.vanguard).

Amundi hat im Jahr 2021 Lyxor ETF übernommen und wurde so zum größten europäischen Anbieter von ETF. Mehrheitsaktionär bei Amundi ist die französische Bank Crédit Agricole (amundi.etf.de).

Xtrackers gehört zur Deutschen Bank und ist nach Amundi der zweitgrößte europäische Anbieter von ETF (etf.dws.com).

Nach Ansicht der Stiftung Warentest ist es für Anlegerinnen unerheblich, von welchem Anbieter ein ETF stammt, die Unterschiede sind gering. Hauptsache, Sie wählen einen Erste-Wahl-ETF aus einer Basisfondsgruppe. Als Entscheidungshilfe finden Sie im Anhang ab der Seite 151 eine Tabelle mit Welt-ETF, die von der Stiftung Warentest für gut befunden wurden. Die dort aufgeführten Produkte sind alle empfehlenswert und gehören für uns zur ersten Wahl. Sie unterscheiden sich höchstens ein wenig bei den Kosten. Wie Sie sehen werden, haben alle ETF ähnliche Renditen erzielt. Vielleicht entscheiden Sie nach persönlichen Vorlieben, eventuell bevorzugen Sie einen heimischen oder europäischen Anbieter. Nur eines müssen Sie tun: sich entscheiden. Das ist zugegebenermaßen dann doch nicht so ganz leicht. Schließlich vertrauen Sie Ihr Geld einer gefühlt anonymen Institution an. Aber besser als das Kopfkissen ist es allemal. Und so anonym ist diese Anlage auch gar nicht: Ihre Wertpapiere werden von seriösen Anbietern verwaltet und Sie haben Zugriff darauf. Ein weiterer Vorteil und ein beruhigendes Gefühl ist: ETF gelten als sogenanntes Sondervermögen Das bedeutet, selbst wenn der Anbieter bankrott gehen sollte, behalten Sie Ihre Anteile und können sie jederzeit wieder zu Geld machen.

Investmentfonds und Aktien

Aktiv gemanagte Fonds sind teurer, bringen aber kaum mehr Rendite. Sie eignen sich für fortgeschrittene Anleger, die spezielle Anlageinteressen umsetzen wollen. In Einzelaktien sollten Sie nur ausnahmsweise Geld stecken.

Bei einem aktiv gemanagten Fonds erwerben Sie einen Korb von Wertpapieren, den eine Fondsgesellschaft zusammengestellt hat. Sie sehen schon: Andere erledigen für Sie die Arbeit und wählen die Branchen sowie die entsprechenden Papiere aus. Sie müssen nur entscheiden, welche Anlagestrategie Ihnen zusagt. Dann können Sie sich am Fonds Ihrer Wahl beteiligen, indem Sie einmalig einen größeren Betrag investieren oder einen Sparplan mit regelmäßigen Einzahlungen einrichten. Der Vorteil von Investmentfonds ist, dass Sie nicht wie bei einem reinen Aktienportfolio selbst viele Wertpapiere in entsprechender Menge kaufen müssen, sondern sich schon mit kleineren Beträgen daran beteiligen können. Als Anlegerin sind Sie Miteigentümerin des Fondsvermögens und erhalten Fondsanteile, je nachdem, wie viel Sie investiert haben. Sie haben Anspruch auf einen entsprechenden Anteil der Gewinne des Fonds, die aus Dividenden, Zinsen oder Kursgewinnen resultieren können.

Jeder Fonds verfolgt eine eigene Anlagestrategie, nach der das Portfolio zusammengestellt wird. Ist der Anlageschwerpunkt etwa USA, wird der Fondsmanager nach aussichtsreichen Werten in den Vereinigten Staaten suchen und diese in den Korb legen. Fonds müssen nach Vorgabe des Kapitalanlagegesetzbuchs (KAGB) das Risiko streuen, sie müssen beispielsweise mindestens 16 verschiedene Werte enthalten. Es gibt Tausende Fonds mit sehr unterschiedlichen Schwerpunkten. Hier ein kleiner Überblick zur Orientierung:

Aktienfonds: Diese Fonds investieren in Unternehmensanteile, manche rund um den Globus, andere in bestimmten Regionen. Länderfonds legen nur in einem Land an, Branchenfonds in einer Branche.

Rentenfonds: Der Begriff Rente ist hier ein bisschen missverständlich und hat nichts mit der gesetzlichen Rente zu tun. Diese Fonds legen das Kapital in festverzinslichen Wertpapieren wie Staats- und Unternehmensanleihen oder Pfandbriefen an, im Börsensprech Renten genannt. Ihr Ziel sind Zinserträge und Kursgewinne.

Mischfonds: Diese Fonds legen das Geld der Anlegerinnen sowohl in Anleihen als auch in Aktien an. Das Fondsmanagement kann in einem gewissen Rahmen über die Gewichtung entscheiden. Je höher der Aktienanteil, desto größer sind die Ertragschancen und die Risiken.

Offene Immobilienfonds: Hier wird das Geld der Anlegerinnen in Wohn- und Gewerbeimmobilien gesteckt, darunter Einkaufszentren und Bürogebäude. Ihre Erträge erwirtschaften die Fonds über Mieteinnahmen und aus Gewinnen aus Immobilienverkäufen. Bei ihnen entstehen hohe Kosten, die die Rendite mindern. Deshalb empfiehlt die Stiftung Warentest offene Immobilienfonds nur eingeschränkt und höchstens als kleinen Anteil im Depot.

Rohstofffonds: Diese Fonds spekulieren über börsengehandelte Terminkontrakte (Futures) auf die Wertveränderungen von Rohstoffen oder kaufen Aktien von Unternehmen aus dem Rohstoffbereich.

Kosten für Fonds

Dass die Manager, die für Sie die Aktien auswählen, bezahlt werden wollen, versteht sich. Aktive Fonds führen daher zu höheren Kosten als ETF, denn Sie zahlen für die Dienstleistung der Fondsgesellschaft, die den Fonds verwaltet, sowie für die Bank, bei der das Depot geführt wird. Zu den sogenannten Kaufkosten zählt der Ausgabeaufschlag. Das ist die Gebühr, die Sie an die Bank bezahlen, wenn Sie bei ihr einen Fonds kaufen. Bei Aktien- und Mischfonds liegt dieser Aufschlag im Durchschnitt bei 4 bis 6 Prozent, bei offenen Immobilienfonds bei 5 Prozent sowie bei Rentenfonds zwischen 2 und 4 Prozent.

Direktbanken sind oft günstiger und locken mit Rabatten. Es gibt regelmäßig Sonderaktionen, bei denen Fonds ohne Aufschlag angeboten werden. Achten Sie aber auch auf die laufenden Verwaltungskosten. Hier müssen Sie genau hinschauen, an welchen Stellen weitere Kosten, die auf den ersten Blick nicht ersichtlich sind, lauern könnten. Investmentfonds können Sie auch direkt an der Börse kaufen, dann entfällt der Ausgabeaufschlag. Das kann im Vergleich zum Kauf bei Ihrer Hausbank mehrere Hundert Euro Ersparnis bringen. Im Internet gibt es Fondsvermittler, die Tausende Fonds ohne Ausgabeaufschlag anbieten. Sie wollen sich näher mit dem Thema Fonds beschäftigen? Unter test.de/fonds (kostenpflichtig) finden Sie zahlreiche Produkte mit den entsprechenden Bewertungen und Empfehlungen.

Wenn Ihnen das Thema Nachhaltigkeit besonders wichtig ist, kommen Sie um aktiv gemanagte Fonds nicht herum. Selbst grüne ETF haben nicht so strenge Umwelt- und gesellschaftliche Kriterien wie rein nachhaltige Fonds (siehe „Investieren mit gutem Gewissen", S. 105).

Einzelaktien nur zum Spaß

Sie mögen eine bestimmte Firma, die vielleicht Ihr Lieblingsprodukt herstellt? Sie sind überzeugt von deren Zukunft und überlegen daher, Teilbesitzerin ebendieses Unternehmens zu werden, indem Sie die entsprechenden Aktien kaufen? Das ist eigentlich eine charmante Idee, aber wenn Sie kein erfahrener Börsenprofi sind, ist das eine ungeeignete Basis für Ihre Geldanlage und allenfalls als Beimischung in Ihrem Depot anzuraten.

Das Risiko eines herben Verlusts ist wesentlich höher, wenn Sie mit einzelnen Aktien auf die Wertentwicklung eines Unternehmens setzen, als wenn Sie mit ETF über eine große Anzahl von Unternehmen streuen. Wer das vor Jahrzehnten mit Apple getan hat, kann sich heute zwar glücklich schätzen. Aber das ist die Ausnahme und nicht die Regel.

WAS IST EINE AKTIE? Aktien sind Wertpapiere. Als Urkunden verbriefen sie einen Anteil am Kapital eines Unternehmens. Mit dem Kauf einer Aktie werden Sie zu einem gewissen Prozentsatz Miteigentümerin am Unternehmen. Mit dessen Erfolg oder Misserfolg steigt oder sinkt der Wert Ihrer Anteile. Kommt das Unternehmen in Schwierigkeiten oder wird gar insolvent, sind Ihre Aktien wertlos. Die Aussicht auf den Unternehmenserfolg macht den Reiz, aber auch die Gefahr einer Investition in Einzeltitel aus.

Der Kurs einer börsennotierten Aktie entsteht zudem aus dem Zusammenspiel von Angebot und Nachfrage. Je mehr Menschen erwarten, dass sich ein bestimmtes Unternehmen erfolgreich entwickelt, desto mehr wollen Anteile an diesem Unternehmen erwerben. In der Folge steigt der Kurs der entsprechenden Aktie an den Börsen. Gibt es jedoch Bedenken bezüglich des Unternehmenserfolgs, wollen viele Anleger wieder verkaufen: Der Aktienkurs fällt. Hinzu kommt, dass Unternehmen nicht allein und zusammenhanglos existieren, sondern sich in einem wirtschaftlichen und gesellschaftlichen Umfeld bewegen. Veränderungen zum Beispiel in der Politik können deshalb große Wertveränderungen nach sich ziehen. So bewegen etwa die Ankündigungen von US-Präsident Donald Trump zur Zollpolitik regelmäßig die Kurse der betroffenen Unternehmen – und zwar ebenso unvorhersehbar wie Trumps Politik.

Die Dividende

Die Rendite eines Aktieninvestments besteht jedoch nicht nur aus der Wertsteigerung, wenn Sie Ihre Aktien mit Gewinn verkaufen. Einen weiteren Ertrag bietet die Gewinnausschüttung, die sogenannte Dividende. Wenn das Unternehmen gut gewirtschaftet hat, beteiligt es seine Anteilseigner an den Gewinnen. Über die Höhe der Dividende entscheiden Aktionärinnen auf der jährlichen Hauptversammlung. Die Dividende wird nicht in Prozent, sondern konkret in Euro je Aktie angegeben. Wenn Sie 100 Aktien eines Unternehmens besitzen und die Dividende 2 Euro beträgt, bekommen Sie 200 Euro. Wie bei allen Kapitalerträgen gehen davon 25 Prozent Kapitalertragssteuer ab sowie für Kirchenmitglieder je nach Bundesland 8 bis 9 Prozent Kirchensteuer. Mit einem Freistellungsauftrag können Sie den automatischen Steuerabzug bis zur Höhe des Freibetrags (Singles 1000 Euro, Verheiratete ei 2000 Euro) vermeiden. Den Freistellungsauftrag richten Sie bei Ihrer jeweiligen Bank ein. Sie können ihn bis zur Höchstgrenze auf verschiedene Institute verteilen.

Die Börsen reagieren sehr sensibel auf schlechte Nachrichten. Schon das Gerücht über etwaige negative Veränderungen in einem Unternehmen kann den Aktienkurs abstürzen lassen. Daher raten Expertinnen, mindestens 15 verschiedene Aktien zu wählen. Zudem sollten Sie Ihr Investment auf verschiedene Branchen verteilen, denn geht es einer Branche schlecht, können andere Felder mögliche Verluste ausgleichen. Dann sollten Sie noch pro Aktie 2000 bis 3000 Euro investieren, da sonst die Kaufgebühren überproportional ins Gewicht fallen. Da sind Sie dann schnell bei 30000 bis 50000 Euro für ein einigermaßen gut aufgestelltes Aktiendepot. Fazit: Einzelaktien sind für Anlegerinnen, die wenig Vermögen haben, mit Vorsicht zu genießen und allenfalls als kleiner Anteil am Depot geeignet – und am besten im Mix mit einem weltweiten ETF als Basisanlage.

IM ÜBRIGEN können sich Frauen bei börsennotierten Papieren durchaus etwas zutrauen. Immer mehr von ihnen interessieren sich für die Börse und engagieren sich dort. Und das erfolgreich. Eine Analyse von über zwei Millionen Kundenportfolios der Direktbank ING ergab, dass Frauen zwar insgesamt weniger als Männer investierten, dafür aber eine um 0,5 Prozentpunkte bessere Performance ihrer Portfolios erzielten.

Außerdem wuchs der Anteil an Frauen zwischen 25 und 34 Jahren mit Depot seit 2019 fast doppelt so stark wie der von Männern. Das Fazit der Bank: Frauen haben das bessere Händchen fürs Investieren. Wenn das keine Motivation ist! Ein interessanter Fakt ist, dass die Performance der Frauen mit dem Alter steigt. So haben sie zwischen 45 und 64 Jahren durchschnittlich um einen Prozentpunkt die Nase vorn. Das gilt umgekehrt für jüngere Männer. Einen großen Unterschied gibt es im Handelsvolumen, das liegt bei Frauen bei durchschnittlich 1600 Euro, während Männer im Schnitt 11000 Euro mehr investierten. Die Gründe dafür haben wir hinreichend dargestellt.

Einfach anlegen: Das Pantoffel-Portfolio

Sie wollen Ihre Geldanlage einfach und gemütlich haben? Dann machen Sie es wie wir und schlüpfen Sie in den Hausschuh: Mit dem Pantoffel-Portfolio der Stiftung Warentest wird Ihre Geldanlage übersichtlich und bequem.

Wir sprechen über Geldanlage und kommen mit so einem merkwürdigen Begriff wie Pantoffel-Portfolio daher? Das ist auf den ersten Blick vielleicht ein bisschen irritierend, auf den zweiten jedoch bestechend. Denn das von der Stiftung Warentest empfohlene Portfolio ist so einfach und bequem wie das beliebte Schuhwerk fürs Zuhause.

Je nach Risikoneigung können Sie Ihr Pantoffel-Portfolio weitgehend risikolos (defensiv), ausgewogen oder riskanter (offensiv) gestalten. Nachdem Sie es entsprechend bestückt haben, überprüfen Sie es einmal im Jahr, strukturieren es bei Bedarf ein bisschen um und schauen ansonsten in aller Ruhe der Entwicklung Ihres Vermögens zu.

Die zwei Bausteine des Pantoffel-Portfolios

Die Grundidee ist einfach. In jedem Portfolio sollten zwei Bausteine vertreten sein: ein Renditebaustein, der auf Aktien basiert, und ein Sicherheitsbaustein, der stabile und sichere Zinsen einbringt. Je nach Lebensalter, -situation und Risikobereitschaft können Sie die beiden Anteile unterschiedlich gewichten.

Wer jung ist und Höhen und Tiefen der Börse problemlos aussitzen kann, wählt möglicherweise die riskantere Variante und investiert drei Viertel seines Anlagekapitals in Aktien-ETF. Das ist der Renditebaustein. Das restliche Viertel wandert in festverzinsliche Anlagen wie Tagesgeld oder Rentenfonds und bildet den Sicherheitsbaustein. Wer seine Geldanlage etwas sicherer gestalten möchte, splittet sein Kapital halbe-halbe. Dieses Portfolio eignet sich für die meisten Anleger. Und wer generell weniger risikobereit ist, investiert einen höheren Anteil in festverzinsliche Anlagen.

SOSALLA SAGT: „Mit Ihrem Risikoprofil haben Sie sich schon im ersten Kapitel beschäftigt. Bevor es jetzt ans Handeln und Entscheiden geht, blättern Sie noch einmal zurück: Wie haben Sie sich selbst eingeschätzt? Machen Sie noch einmal ein Gedankenspiel: Stellen Sie sich vor, dass Sie mit Ihrer Geldanlage in die schlimmste Börsenphase der vergangenen 30 Jahre geraten. Kommen Sie mit einem Crash klar, bei dem der Renditebaustein Ihres Depots die Hälfte seines Werts verliert?"

Wer nicht sicher ist, welche Risiken er aushalten kann, sollte konkret nachrechnen: Für einen ausgewogenen Anleger mit 10 000 Euro im Pantoffel-Portfolio hieße ein solcher Crash, dass er auf einmal statt mit 10 000 Euro nur noch mit 7 500 Euro dastünde. 5 000 Euro lägen auf dem Tagesgeld-Konto oder im Renten-ETF, aber der Aktien-ETF wäre von 5 000 auf 2 500 Euro geschrumpft. Der Wert eines defensiven Portfolios würde auf 8 750 Euro fallen. Bis der Aktienanteil die Verluste wieder aufgeholt hat, können mehrere Jahre vergehen – bei einem starken Crash wie zur Jahrtausendwende durchaus auch knapp zehn Jahre. Wer das nicht aushält, bleibt beim Tagesgeld.

Sie haben sich für eine Gewichtung in Ihrem Pantoffel entschieden? Prima! Egal, wie diese ausgefallen ist – einen langen Atem brauchen Sie immer. Gut zu wissen ist, dass die von der Stiftung Warentest entwickelte Strategie über die vergangenen Jahrzehnte im Durchschnitt gut abgeschnitten hat. Anlegerinnen erwirtschafteten in den vergangenen zehn Jahren damit bei einem vertretbaren Risiko zwischen 3 und 7,5 Prozent Rendite pro Jahr.

War der Pantoffel in dieser Zeit wirklich so bequem wie versprochen? Der Komfort besteht ja darin, dass nur selten nachjustiert werden muss, um die ursprüngliche Gewichtung im Portfolio aufrechtzuerhalten. Bei einem ausgewogenen Pantoffel etwa muss erst gehandelt werden, wenn einer der Anteile über 60 Prozent steigt. Die Rückschau zeigt: Wer 2013 mit der Halbe-halbe-Variante gestartet ist, also zur Hälfte in Aktien-ETF und zur Hälfte in festverzinslichen Anlagen wie Tagesgeld oder Anleihen-ETF investiert war, hätte bis 2024 nur zweimal eingreifen müssen: 2018 und 2021 war der Aktienbaustein über 60 Prozent angestiegen. Test bestanden, oder?

Diese Art, ein Portfolio zusammenzustellen, ist gerade für Anfängerinnen hervorragend geeignet. Es lässt sich mit dem Wissen aus diesem Ratgeber umsetzen. Die weitere Verwaltung ist leicht. Konkret heißt das:

Ihr Aktienbaustein sollte ein Welt-ETF sein, gern Ihren persönlichen Vorlieben entsprechend ein nachhaltiger (siehe „Investieren mit gutem Gewissen", S. 105). Konkrete Listen mit möglichen ETF finden Sie im Anhang ab S. 150. Für den Sicherheitsbaustein stehen Ihnen zwei Möglichkeiten zur Verfügung: entweder ein Tagesgeldkonto oder ein Euro-Rentenfonds, vorzugsweise ebenfalls als ETF. Bei den Anleihen-ETF kommen beispielsweise Erste-Wahl-ETF auf Euro-Staatsanleihen (siehe „Service", S. 155) oder ETF mit einer Mischung aus Staats- und Unternehmensanleihen infrage.

Das Pantoffel-Portfolio richtig anpassen

Selbst wenn Sie den Pantoffel so selten wie möglich anfassen, sollten Sie die Gewichtung, für die Sie sich entschieden haben, regelmäßig im Auge behalten. Über die Jahre hinweg sollte sie gleich bleiben. Handeln sollten Sie in diesen Fällen:

Defensives Pantoffel-Portfolio: Steigt der Anteil der Aktien-ETF über 35 Prozent oder sinkt der Zinsanteil auf 65 Prozent oder darunter reduzieren Sie Aktien-ETF-Position auf 25 Prozent und erhöhen mit dem Verkaufserlös den Zinsanteil.

Ausgewogenes Pantoffel-Portfolio: Übersteigt der Anteil einer Komponente 60 Prozent und sinkt die andere entsprechend auf 40 Prozent oder weniger, werden beide Teile wieder auf das Ausgangsniveau von 50 Prozent gebracht.

Offensives Pantoffel-Portfolio: Steigt der Anteil der Aktien-ETF über 85 Prozent oder sinkt er unter 65 Prozent, bringen Sie den Zinsanteil wieder auf 25 Prozent und passen den ETF-Anteil entsprechend an.

Ein Beispiel: Sie legen 20 000 Euro in einem ausgewogenen Pantoffel an, stecken also 10 000 Euro in einen Aktienfonds Welt und 10 000 Euro in einen Rentenfonds. Wenn die ursprüngliche Gewichtung um 10 Prozentpunkte in eine Richtung überschritten wird, sollten Sie umschichten. Konkret gerechnet wird so: Angenommen, nach einem halben Jahr liegt der Rentenanteil bei 11 000 Euro und der Aktienanteil bei 13 000 Euro. Der Gesamtwert Ihres Depots beträgt also 24 000 Euro. Um auszurechnen, wie hoch der jeweilige Anteil ist, teilen Sie 11 000 durch 24 000. Das Ergebnis ist 0,46, also 46 Prozent. In diesem Fall können Sie das Depot weiterlaufen lassen. Macht der Rentenanteil nach zwei Jahren jedoch

11 200 Euro aus, der Aktienanteil dagegen 18 800, sieht es etwas anders aus. Das Depot ist nun 30 000 Euro wert. Teilen Sie den Aktienanteil von 18 800 durch den Depotwert von 30 000, ergibt das 0,63, also 63 Prozent. Nun sollten Sie aktiv werden. Bei hälftiger Aufteilung sollten je 15 000 Euro im Aktien- und im Rentenfonds sein. Sie verkaufen also Anteile Ihres Aktienfonds im Wert von 3 800 Euro und kaufen dafür Rentenfondsanteile. Unter test.de/pantoffelrechner finden Sie einen Rechner, der Ihnen beim Umschichten hilft.

BUY AND HOLD IST VON GESTERN. Eine alte Börsenweisheit gilt mittlerweile als überholt: Der berühmte Börsenaltmeister André Kostolany empfahl früher, Aktien zu kaufen, dann eine Schlaftablette zu nehmen und erst in fünf Jahren zu schauen, was passiert ist. Dieses Vorgehen wurde als Buy-and-hold-Strategie bekannt. Neuere Vergleiche brachten zutage, dass ein regelmäßiges Checken und gegebenenfalls Anpassen der Positionen im Depot bessere Ergebnisse bringt.

In Krisen die Nerven behalten

Das Auf und Ab an den Börsen kann Anlegerinnen einiges an Aufregung bescheren, auch wenn sie wissen, dass langfristig schwere Verluste unwahrscheinlich sind. Behalten Sie in Krisenzeiten die Nerven! Die größten Verluste machen Anlegerinnen, wenn sie mitten in einem Kurssturz verkaufen. Und das womöglich zu Kursen, die unter ihren Einstandskursen liegen. Ideal ist es bei Börsenschwankungen, wenn Sie einen Sparplan haben, mit dem Sie regelmäßig – am besten monatlich – eine bestimmte Summe in einen ETF stecken. In schlechten Börsenzeiten bekommen Sie für Ihr Geld mehr ETF-Anteile – und können sich freuen, sobald die Kurse wieder steigen.

Wenn Sie warten, bis die Kurse wieder steigen, verpassen Sie diese Chance eventuell. Niemand kann vorherhersehen, wann eine Baisse (Fachbegriff für Markt mit fallenden Kursen) zu Ende ist und ab wann es wieder aufwärts geht. Als etwa während der Finanzkrise die Kurse fielen, stoppte dieser Trend im Frühjahr 2009 plötzlich. Aber niemand wusste, ob dies der absolute Tiefpunkt war oder nicht. Wer danach nicht wieder einstieg, verpasste die darauffolgende Erholung und den rasanten Anstieg der Kurse. Die richtige Strategie für ein Pantoffel-Portfolio wäre damals gewesen, den Aktienanteil aufzustocken, als dieser wegen des Crashs die Zielgewichtung unterschritt. So hätte man günstig eingekauft und die anschließenden Kurssteigerungen mitgenommen.

Investieren mit gutem Gewissen

Bei der Entscheidung, wie und wo man sein Geld anlegt, spielen Nachhaltigkeitsaspekte eine immer größere Rolle. Viele Verbraucherinnen wollen vor allem in den Klimaschutz und in soziale Fortschritte investieren.

Sie können Ihren Pantoffel problemlos nachhaltig gestalten, wenn Ihnen bestimmte Umweltthemen oder Gleichberechtigung am Herzen liegen. Das geht mit nachhaltigen Zinsanlagen und grünen Fonds. Aber grün ist nicht gleich grün. Das gilt auch für aktiv gemanagte grüne Investmentfonds. Die Stiftung Warentest hat ihren Nachhaltigkeitstest verschärft, damit Sie guten Gewissens das passende Produkt finden. Der Begriff Nachhaltigkeit ist dehnbar und bedeutet je nach Fonds etwas anderes. Fonds, die es ganz genau nehmen, meiden Investitionen in Unternehmen, die fossile Energien fördern, Streumunition produzieren, die Porno-Industrie finanzieren oder mit Menschen- und Arbeitsrechtsverletzungen sowie Korruption in Verbindung stehen. Andere sind nur streng bei bestimmten Waffen, kaufen aber Aktien fossiler Energiekonzerne. Das ist dann nur bedingt nachhaltig.

Eine nachhaltige Geldanlage bedeutet aber weit mehr als nur den Ausschluss umstrittener Branchen und Firmen. Einige Fonds wollen mit dem Kauf bestimmter Aktien gezielt umweltfreundliche Projekte oder soziale Anliegen fördern. Viele Fondsanbieter engagieren sich auf Hauptversammlungen und gehen in den direkten Dialog, um Unternehmen zu anderen Geschäftsmodellen zu bewegen. Doch bei aller Liebe zum guten Gewissen – nachhaltige Investments sollen auch wirtschaftlich erfolgreich sein. Mithilfe des ausführlichen Renditevergleichs der Stiftung Warentest können Sie unter test.de/sauberefonds den richtigen Fonds finden. Da es bislang keine einheitliche Definition dafür gibt, was ein nachhaltiger Fonds ist, haben wir eigene Kriterien aufgestellt und 975 Fonds bewertet. In die Bewertung flossen 29 Ausschlusskriterien für Investitionen in Unternehmen ein, darunter der Abbau von Uran, genetisch veränderte Organismen in der Landwirtschaft, die Produktion von Palmöl, Glücksspiel und Pornografie. Die Bestnote in Sachen Nachhaltigkeit haben acht Fonds bekommen – alle legen weltweit an. Allerdings hinken diese Fonds teilweise beim Anlageerfolg hinterher. Grund dafür sind etwa Krisen wie der Ukrainekrieg oder der Konflikt in Nahost. Sie haben die Aktienkurse von Rüstungskonzernen sowie von Öl- und Gaskonzernen in die Höhe getrieben. Für die nachhaltigen Fonds sind diese Unternehmen ein No-Go, daher konnten sie von deren Kursgewinnen nicht profitieren.

Ein Nachteil der oben genannten aktiv gemanagten Fonds ist, dass sie höhere Kosten verursachen als ETF. Günstiger, aber nicht ganz so grün sind nachhaltige ETF. Allein mit ihnen lässt sich ein nachhaltiges Pantoffel-Portfolio allerdings nur schwer umsetzen. Sie legen weniger strenge Kriterien an und haben zwangsläufig den ein oder anderen nicht so astreinen Ausreißer in ihren riesigen Portfolios. In ihnen sind immer noch die großen Player enthalten, die in puncto Nachhaltigkeit oder sozialen Standards nicht unbedingt Bestnoten bekommen.

Unter den Begriff Nachhaltigkeit fallen nicht nur Umweltthemen. Es gibt mittlerweile auch Fonds, die verstärkt auf Diversität und Geschlechtergerechtigkeit setzen. Sie achten auf gerechte Bezahlung und darauf, wie viele Frauen in Führungspositionen sind. Weitere Kriterien sind Familienfreundlichkeit und Karrierechancen für Frauen. Die passenden ETF dazu gibt es auf einen Gender Equality Index. Mit einer Beimischung solcher ETF können Sie also in Geschlechtergerechtigkeit investieren.

Nachhaltige ETF tragen die Abkürzung SRI im Namen. SRI steht für Socially Responsible Investment. Sie sind ein guter Kompromiss zwischen gutem Gewissen und Anlageerfolg. Diese ETF haben nicht unbedingt schlechter abgeschnitten als der MSCI World. Ein Blick in unseren Vergleich hilft Ihnen, die ETF herauszufinden, die Ihren moralischen Ansprüchen genügen. Wenn Sie bereit sind, in dieser Hinsicht ein paar Abstriche zu machen, finden Sie unter test.de/fonds eine große Auswahl nachhaltiger ETF, die eine Erste-Wahl-Bewertung haben. Eine Liste finden Sie auch im Anhang auf der Seite 154.

Quelle: test.de

Klassischer vs. nachhaltiger Pantoffel über zehn Jahre

Unser Pantoffel-Portfolio gibt es auch in Grün. Der Chart zeigt den Wertverlauf ausgewogener Pantoffel-Portfolios. Alle dargestellten Varianten enthalten zu 50 Prozent einen Euro-Anleihen-ETF als Sicherheitsbaustein. Sie unterscheiden sich jedoch hinsichtlich des Renditebausteins, wie die Legende zeigt.

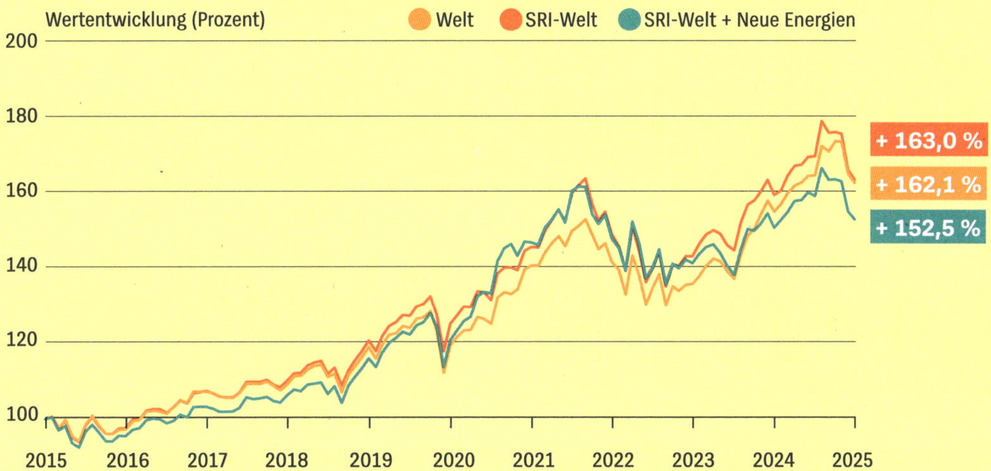

»Unser Test zeigt Ihnen, wie nachhaltig Fonds und ETF wirklich sind: test.de/sauberefonds«

1 020 Fonds

haben wir aus den Gruppen Welt, Schwellenländer, Europa und Deutschland als potenziell nachhaltig identifiziert.

734 Fonds

konnten wir in unserem Nachhaltigkeitstest 2024 im Detail bewerten.

Andere Anlageformen: Krypto, Gold und Co.

Sicher haben Sie schon von Kryptowährungen wie Bitcoin gehört. Oder den Ratschlag bekommen, in Gold zu investieren, das sei immer sicher. Was ist dran an diesen Anlageformen? Sind sie eine gute Alternative zur Börse?

Im Mai 2025 erreichte der Bitcoin mit einem Wert von 111000 Dollar einen neuen Rekord. Die Renditen von Kryptowährungen waren im Jahr 2024 sogar höher als die von Gold. Dennoch empfiehlt die Stiftung Warentest sie wegen des hohen Risikos nicht als Geldanlage. Wenn überhaupt, sollte man Kryptowährungen nur zu einem sehr geringen Teil beimischen. Denn so verlockend es scheint, sich an den teils enormen Wertsteigerungen zu beteiligen: Den zum Teil hohen Gewinnen stehen immer wieder herbe Verluste gegenüber.

Bitcoin und Co.

Schauen wir uns kurz an, was Bitcoins überhaupt sind und wie das Kryptogeld funktioniert. Der Begriff Bitcoin setzt sich zusammen aus dem Wort für die kleinste digitale Einheit, dem Bit, und dem englischen Wort für Münze, coin. Erfunden wurden die Bitcoins von einem gewissen Satoshi Nakamoto. Allerdings ist bis heute unklar, ob es diese Person überhaupt gibt oder ob eine Gruppe von Personen dahintersteht. Von Bitcoins gibt es weder Münzen noch Scheine, sie existieren nur rein virtuell als digitale Zeichenfolge. Hinter ihnen steht kein realer Wert und keine zentrale Instanz, die ihren Wert garantiert. Neue Bitcoins werden von den Nutzern selbst mithilfe mathematischer Verfahren erstellt. Guthaben und Zahlungen werden in einem dezentralen Netzwerk verwaltet, der sogenannten Blockchain.

Neben Bitcoin gibt es mittlerweile Zigtausende weitere als digitale Währungen bezeichnete Kryptos, darunter Ethereum, XRP und Tether. Allerdings bezahlt kaum jemand tatsächlich mit ihnen, sie dienen hauptsächlich zur Spekulation auf Gewinne. Die Stiftung Warentest rät von der Investition in Kryptowährungen ab, da sie hoch riskant ist. Extreme

Kurseinbrüche bis hin zum Totalverlust sind möglich. Außerdem tummeln sich viele unseriöse Anbieter auf dem Markt. Wenn Sie ein Investment in eine Kryptowährung wagen wollen, sollten Sie sich nur mit Summen engagieren, deren Verlust Sie verschmerzen können. Vergleichen Sie die Spekulation auf Bitcoin und Co. mit einem Gang ins Spielcasino. Nutzen Sie zudem nur Handelsplattformen mit einer Lizenz der Finanzaufsicht BaFin. Bei unseriösen Anbietern wie der Kryptobörse FTX haben Anlegerinnen bereits viel Geld verloren. Echte, dezentrale Kryptowährungen, die mithilfe der Blockchain-Technologie erstellt und gehandelt werden, sind aber nicht per se unseriös.

Es ist nicht alles Gold, was glänzt

Der Goldbarren im Tresor oder eine andere Investition in Gold, etwa in Form einer Gold-ETC, mag für ein gutes Gefühl sorgen. Wenn Sie Gold besaßen, gehörten Sie im Jahr 2025 zu den absoluten Gewinnerinnen, denn Gold war so teuer wie nie zuvor. Das Edelmetall wirft allerdings keine Erträge ab, Sie haben keine regelmäßigen Zinseinnahmen oder Dividenden. Rendite bringt Ihnen diese Anlage nur, wenn der Rohstoffpreis steigt. Und das ist keineswegs sicher.

WAS IST EINE ETC? Eine Exchange Traded Commodity (ETC) ist ein börsengehandeltes Wertpapier, mit dem Anlegerinnen auf Rohstoffe setzen können. Im Unterschied zu ETF handelt es sich bei ETC nicht um Fonds, sondern um Schuldverschreibungen. Das bedeutet, dass das Geld der Anlegerinnen bei einer Insolvenz des Emittenten nicht durch ein Sondervermögen geschützt ist, wie dies bei ETF der Fall ist. Viele Gold-ETC sind aber mit Gold hinterlegt.

Gold eignet sich als Beimischung in einem Portfolio. Wir raten allerdings dazu, nicht mehr als 10 Prozent in Gold oder entsprechende Produkte zu stecken. Der Vorteil des Edelmetalls ist, dass es wenig mit der Preisentwicklung von Aktien korreliert, mitunter sogar gegenläufig ist. Das kann sich positiv auf ein Portfolio auswirken, das dadurch insgesamt stabiler wird. Aber Gold ist aufgrund seiner enormen Wertschwankungen keine sichere Anlage. Da ist es nur ein schwacher Trost, dass es wahrscheinlich niemals völlig wertlos wird. Niemand kann vorhersagen, wie sich der Goldpreis entwickeln wird. Die jüngste Goldrallye ändert nichts daran, dass der Weltaktienindex MSCI World auf lange Sicht deutlich bessere Renditen brachte als das schimmernde Edelmetall.

WER IN GOLD INVESTIERT, möchte es oft physisch besitzen, meist in Form von Barren oder Münzen. Das ist nachvollziehbar, schließlich handelt es sich um ein sinnliches Produkt. Allerdings ist der Besitz mit Folgekosten verbunden, denn irgendwo muss das Edelmetall aufbewahrt werden. Wenn Sie kleine Barren besitzen, denken Sie eventuell an originelle Orte in Ihrer Wohnung, um Ihre Schätze zu verstecken. Es empfiehlt sich jedoch ein hochwertiger Tresor oder ein Bankschließfach. Übrigens: Für den Kauf werden Aufschläge auf den aktuellen Goldkurs fällig, die umso höher ausfallen, je kleiner die Barren sind.

Wenn Sie darauf verzichten können, Ihr Gold in Händen zu halten, können Sie zu an der Börse handelbaren Wertpapieren für Rohstoffe, sogenannten Gold-ETC (siehe Erläuterung, S. 109), greifen. ETC funktionieren im Grunde wie ETF. Sie sind preiswert und lassen sich gut in ein Wertpapierdepot einbauen. Kauf und Verkauf sind einfach. Die ETC, die die Stiftung Warentest empfiehlt, sind alle mit echten Barren hinterlegt. Das senkt das Risiko für die Käuferinnen. Es gibt auch ETC, die das nicht tun – von denen raten wir ab.

Der Kauf von Gold ist im Gegensatz zum Erwerb anderer Edelmetalle von der Mehrwertsteuer befreit. Ein weiterer Vorteil ist, dass die Erlöse durch eine Wertsteigerung steuerfrei bleiben, sofern zwischen Kauf und Verkauf mehr als ein Jahr vergangen ist. Zudem hat der Bundesfinanzhof (BFH) festgestellt, dass Kursgewinne bei Gold-ETC, wenn die ETC die Lieferung von Gold verbrieft, nicht unter die Abgeltungssteuer fallen. Dabei spielt es keine Rolle, ob Sie sich das Gold wirklich ausliefern lassen oder die Anteile mit Gewinn an der Börse verkaufen.

Rohstoffe

Anlagen in Rohstoffe werden ebenfalls viel beworben, weil hinter ihnen echte Sachwerte stehen und sie deshalb als inflationssicher gelten. Da Sie aber wahrscheinlich weder Rinderhälften noch Reissäcke bei sich zu Hause lagern wollen, bieten sich hier ETC und Zertifikate an. Allerdings gelten die Rohstoffmärkte als launisch, das heißt, es kann munter auf und ab gehen. Dennoch wählen manche Anlegerinnen diese Anlageform, um das Risiko ihrer Anlage noch breiter zu verteilen. Für Einsteigerinnen eignet sich diese Anlageform aber nicht, denn ein Engagement in den Rohstoffmärkten ist riskant. Wer ein etwas bunteres Pantoffel-Portfolio haben möchte, kann sich damit beschäftigen. Für sicherheitsbedürftige und risikoscheue Anlegerinnen sind Rohstoffanlagen allerdings nicht geeignet. Dennoch geben wir Ihnen hier einen kurzen Überblick, in welche Arten von Rohstoffen Sie investieren könnten:

Energie: Zum Beispiel Öl, Erdgas und Kohle

Industriemetalle: Etwa Kupfer, Nickel und Zinn

Edelmetalle: Darunter Silber, Palladium und Platin

Agrarrohstoffe: Beispielsweise Weizen, Kaffee und Baumwolle

Die Herausforderung dabei ist, dass die Preise für Rohstoffe großen Schwankungen unterliegen. Da es sich um reale Produkte handelt, können politische Krisen oder Wetterkapriolen einen großen Einfluss auf ihre Verfügbarkeit und somit auf die Preise haben. Wenn überhaupt empfiehlt sich die Investition in breit gestreute Indizes und nicht in Einzelrohstoffe.

Das eigene Heim

Sie träumen von den eigenen vier Wänden? Das haben Sie mit vielen Menschen gemeinsam. Immobilien gelten als sicherer Teil der Geldanlage. Das gilt allerdings nur unter bestimmten Voraussetzungen.

Die Mieten steigen und steigen. Irgendwann stellt sich die Frage, ob es nicht sinnvoller wäre, etwas Eigenes zu kaufen. Dafür brauchen Sie zuallererst einmal ein gewisses Eigenkapital. Expertinnen raten dazu, dass ein Anteil von mindestens 30 Prozent des Kaufpreises bereits vorhanden ist. So lässt sich die Belastung durch den Immobilienkredit im Rahmen halten. In der Zeit der niedrigen Zinsen waren die monatlichen Kreditraten darstellbar, dafür sind in dieser Phase die Haus- und Wohnungspreise entsprechend gestiegen. Nun hat sich die Zinslage wieder gedreht,

Kredite sind teurer geworden. Eine Investition in die eigenen vier Wände will daher wohl überlegt sein. Denn Sie werden sich für viele Jahre festlegen – finanziell und örtlich.

Dennoch ist das Leben in den eigenen vier Wänden für viele Menschen verlockend. Sie können schalten und walten, wie Sie wollen: das Schlafzimmer in Ihrer Lieblingsfarbe streichen, Materialien und Gestaltung frei bestimmen, sich Ihr individuelles Nest bauen. Allerdings brauchen Sie dafür ausreichend Kapital und ein gesichertes Einkommen, mit dem Sie jahrzehntelang den Kredit bedienen können.

Das Geld steckt fest

Wer eine Immobilie besitzt, hat in der Regel den Großteil seines Vermögens in das Objekt investiert. Ihr Kapital wächst in diesem Fall nur, wenn der Wert der Immobilie wächst, von den Kosten, die sie verursacht, ganz zu schweigen. Am Anfang müssen Sie Makler, Notar und die Grunderwerbsteuer bezahlen. Fachleute nennen das sunk costs, versenkte Kosten, für die Sie keinen Gegenwert erhalten. Bis zu 12,5 Prozent der Kaufsumme können dabei anfallen. Hinzu kommen die monatlichen Kreditraten und im Laufe der Jahre Kosten für die Instandhaltung sowie Reparaturen. Meistens ist der Kauf eines Eigenheims nicht nur eine finanzielle, sondern auch eine emotionale Angelegenheit: Man möchte ein sicheres Heim für sich und die Familie schaffen, ein eigenes Dach über dem Kopf haben und unabhängig vom Mietmarkt sein, dessen Preisniveau sich in den letzten Jahren stetig nach oben entwickelt hat.

Wer sich dagegen dafür entscheidet, seine Wohnung zu mieten, kann mit seinem Vermögen anders umgehen: Mieterinnen können ihr Erspartes zu guten Zinsen anlegen und so das Geld für sich arbeiten lassen. Die Kosten, die bei einem Immobilienkauf fällig gewesen wären und nun eingespart werden, können angelegt werden, ebenso das Geld, das Sie andernfalls noch in das Häuschen stecken würden. Meistens bleibt es nicht dabei, die Traumimmobilie nur zu kaufen. Da wird noch der Garten verschönert, eine schicke Terrasse geplant und gebaut und das Ganze regelmäßig bewirtschaftet, etwa mit neuen Pflanzen, einer schönen Beleuchtung und Ähnlichem. All das kostet.

Vermieterin werden?

Eine Alternative zum Eigenheim ist, eine Immobilie als Geldanlage zu kaufen und sie zu vermieten. Im besten Fall zahlt Ihr Mieter beziehungsweise Ihre Mieterin Ihren Kredit ab und schafft so indirekt für Sie ein kleines Vermögen. Doch Vorsicht: Das klappt nur unter sehr günstigen Bedingungen. Hinzu kommt, dass Sie sich um die Wohnung oder das Haus kümmern müssen, Nebenkostenabrechnungen erstellen und für Reparaturen sorgen. Bevor Sie also eine Wohnung kaufen, die Sie vermieten wollen, sollten Sie genau nachrechnen. Eine erste Einschätzung erhalten Sie mit unserem Rechner unter test.de/vermietete-eigentumswohnung.

Falls Sie eher zum selbstbewohnten Eigenheim tendieren, bieten wir ebenfalls einen Rechner. Unter test.de/rechner-mietenkaufen können Sie die Vor- und Nachteile von Kaufen oder Mieten für Ihren individuellen Fall berechnen. Denn es hängt von vielen Faktoren ab, ob Kauf oder Miete sich eher lohnen. Dazu zählt neben dem Kaufpreis etwa die Einschätzung, wie sich die Mieten entwickeln werden, wie viel Eigenkapital Sie aufbringen können oder ob die Immobilienpreise steigen oder sinken. Dabei gibt es nie eine absolute Gewissheit, denn die Faktoren können sich jederzeit ändern. Allerdings bietet der Rechner eine gute Orientierung für Ihre Entscheidung. Wenn Sie sich für einen Kauf entscheiden, müssen Sie sicher sein, dass Sie die laufenden Kosten aus Finanzierung und Bewirtschaftung langfristig tragen können. Für diesen Fall gibt es unter test.de/rechner-kaufpreis einen Hauspreis-Rechner.

Es ist also eine Frage der eigenen Prioritäten und Vorlieben. Manche Experten raten dazu, als schlaue Investorin eher zur Miete zu wohnen. Erstens sei das flexibler – etwa, wenn Sie wegen des Berufs einmal umziehen müssen oder die alte Wohnung nach dem Auszug der Kinder zu groß wird. Dann können Sie leichter in eine kleinere Wohnung umziehen, als ein großes Haus verkaufen zu müssen – möglicherweise sogar mit Verlust. Wer vermietet, profitiert zudem von Steuervorteilen, weil Kreditkosten und Investitionen abgesetzt werden können.

Den Traum doch verwirklichen?

Mehr als drei Viertel der Deutschen wünschen sich ein eigenes Zuhause, aber weniger als die Hälfte besitzt eines. Fast nirgendwo in Europa ist die Eigenheimquote niedriger als hier. Grund dafür sind sicher die hohen Kosten. Aber mit etwas Einfallsreichtum kann es trotzdem gelingen, zur Immobilienbesitzerin zu werden – ob als Eigenheim oder als kleine vermietete Wohnung. Wenn Sie nicht gleich die große Wohnung oder das Haus für die Ewigkeit erwerben, sondern mit einer kleinen – vermieteten – Wohnung beginnen, können Ihre Mieter diese erste Wohnung zum Teil abbezahlen, während Sie selbst noch zur Miete wohnen. Verkaufen Sie diese erste Wohnung später, haben Sie das nötige Eigenkapital, um Ihre Traumimmobilie zu erwerben – plus die Zinsen vom angelegten Kapital, wenn Sie welches hatten.

Wenn Sie für sich und Ihre Familie auf jeden Fall eine eigene Wohnung oder Haus anstreben, sollten Sie flexibel sein, was Ihre Vorstellungen angeht: Prüfen Sie, ob es statt eines Einfamilienhauses auch eine Eigentumswohnung tut, ob eine andere Wohngegend erschwinglicher ist oder ein bestehendes Haus statt eines Neubaus infrage kommt.

Grundsätzlich gilt eine Immobilie nicht als der erste Schritt, um ein Vermögen aufzubauen. Sowohl ein Eigenheim als auch eine Wohnung zum Vermieten binden viel Kapital auf lange Zeit, verursachen hohe Nebenkosten und verlangen einigen Aufwand. Eine Immobilie schützt Ihr Vermögen auch nicht vor Verlusten: Wenn die Zinsen steigen, Kredite teurer und andere Anlageformen attraktiver werden, können die Nachfrage nach Häusern und Wohnungen und damit die Preise sinken. Als Vermieterin brauchen Sie außerdem einen finanziellen Puffer: Die Kreditraten sind immer zu zahlen, die Wohnung kann jedoch leer stehen, oder die Mieter zahlen nicht oder zu wenig. Eine weitere Unbekannte ist, wie die Bewohner mit Ihrem Objekt umgehen: Im schlimmsten Fall müssen Sie nach deren Auszug größere Renovierungen vornehmen.

Es gilt die alte Regel, sein Vermögen möglichst breit zu streuen. Eine Immobilie kann, muss aber kein Baustein davon sein. Es ist auf jeden Fall eine Entscheidung, die einiges an Informationen voraussetzt: Wie ist das Viertel, in dem die Immobilie liegt? Wie ist die Infrastruktur, wie die umgebende Bebauung? Wer wohnt hier? Wenn Sie sich in Ihrer Nachbarschaft umschauen, können Sie diese Faktoren bereits gut einschätzen. Dennoch ist es nicht leicht, ein passendes Objekt zu finden. Wer aber Spaß an Immobilien hat, den Aufwand nicht scheut und ein gewisses Händchen für den Wohnungsmarkt hat, kann sich das Abenteuer Immobilie zutrauen – und damit nicht nur finanziell, sondern auch bei der Lebenszufriedenheit punkten.

06

Vorsorge und Altersvorsorge für Frauen

Lücken identifizieren und schließen

Jetzt geht's konkret daran, zu sehen, wo Sie in Sachen Altersvorsorge stehen. Machen wir eine Bestandsaufnahme: In welchen Bereichen sind Sie gut aufgestellt und wo müssen Sie noch nachbessern?

Die traurige Wahrheit ist: Für Frauen läuft es bei der Altersvorsorge nicht wirklich rund. Sie verdienen im Schnitt weniger, arbeiten wegen der Familie häufiger nur in Teilzeit und bauen weniger Vermögen auf. Die Auswirkungen auf die Rente sind allseits bekannt. Kein Wunder also, dass sich mehr Frauen als Männer Sorgen machen, von Altersarmut betroffen zu sein. Um im Alter besser aufgestellt zu sein, sollten Sie an mehreren Stellschrauben drehen.

Interessant ist, dass sich die Einkommenslücke erst ab einem bestimmten Alter auftut. In der Gruppe der 20- bis 30-Jährigen liegt der Verdienstunterschied zwischen den Geschlechtern „nur" bei 7 Prozent. Danach steigt er allerdings stark an, im Alter von 40 Jahren beträgt er schon 22 Prozent. Die Gründe dafür liegen auf der Hand: Das ist die Phase der Familiengründung und damit einhergehenden veränderten Erwerbsarbeitszeiten. In der Theorie haben Männer und Frauen die gleichen Chancen und Handlungsmöglichkeiten. Die Lebenswirklichkeit sieht oft anders aus. Natürlich gibt es Frauen, die ununterbrochen Vollzeit erwerbstätig sind und ihr Geld renditeorientiert anlegen. Doch ein Großteil hat gar nicht die Möglichkeit dazu. Was Sie dennoch tun können, um besser für später vorzusorgen, erklären wir Ihnen jetzt.

Die fünf wichtigsten Stellschrauben sind: Rentenlücken erkennen, mehr Rente im Job erreichen, richtig sparen, sparen mit wenig Geld und eine Trennung mitdenken.

Rentenlücken erkennen und schließen

Auch wenn es bis zu Ihrer Rente möglicherweise noch ein Weilchen dauert: Identifizieren Sie frühzeitig mögliche Lücken und überlegen Sie, wie Sie sie schließen können. Unter einer Rentenlücke versteht man die Differenz zwischen der Nettorente und dem letzten Nettoeinkommen vor

Fragebogen zur Rentenlücke

Sorgen Sie frühzeitig für einen Ausblick auf die Geldquellen und auf die Kosten, mit denen Sie im Ruhestand rechnen können beziehungsweise müssen. Es gilt: Eine grobe Schätzung ist besser, als gar keinen Überblick über die voraussichtliche finanzielle Situation im Alter zu haben. Die folgenden Fragen helfen Ihnen dabei:

- ○ Habe ich mein Rentenkonto bei der Deutschen Rentenversicherung bereits geklärt?
- ○ Mit wie viel Rente kann ich gemäß Mitteilungen der Rentenversicherung rechnen?
- ○ Falls Unklarheiten zur gesetzlichen Rente bestehen: Habe ich einen persönlichen Beratungstermin bei der Deutschen Rentenversicherung vereinbart?
- ○ Stehen mir Betriebsrenten und gegebenenfalls Geld aus privaten Rentenversicherungen zu?
- ○ Werde ich Mieteinnahmen haben?
- ○ Wie viel Vermögen etwa aus Wertpapieren und anderen Anlagen wird mir zur Verfügung stehen?
- ○ Wie hoch ist mein Finanzbedarf?
- ○ Wie lange wird mein Vermögen voraussichtlich reichen?
- ○ Habe ich bei den Berechnungen die Inflation bedacht?
- ○ Wie und wo werde ich wohnen?
- ○ Wie viel muss ich für die Miete einer altersgerechten Wohnung veranschlagen?
- ○ Wenn ich Eigentum habe: Was kostet es mich, es zu erhalten und zu unterhalten?
- ○ Wie viel werde ich für Lebensmittel, Kleidung und Reisen ausgeben?
- ○ Wie viel Steuern werde ich entrichten müssen?
- ○ Wie hoch werden meine Beiträge zur Kranken- und Pflegeversicherung sein?
- ○ Welche Fixkosten werde ich weiterhin haben (Strom, Wasser, Handy, Internet, einige Versicherungen)?

dem Rentenbeginn. Die Frage aller Fragen ist: Wird das Geld im Alter reichen oder nicht? Das ist ein bisschen wie ein Blick in die Glaskugel, denn gerade, wenn Sie noch jung sind, ist das eine Rechnung mit vielen Unbekannten. Dennoch sollten Sie in einem ersten Schritt grob überschlagen, wie viel Geld Sie im Alter zum Leben brauchen und wie viel Sie wohl zur Verfügung haben werden. Je nach Lebensalter fehlen Ihnen im Moment zwar noch einige Informationen, aber eine grobe Schätzung ist besser als keine. Berücksichtigen Sie bei der Berechnung auch die Inflation, also die Tatsache, dass das Geld in 10 oder 20 Jahren eine geringere Kaufkraft hat als heute.

SOSALLA SAGT: „Malen Sie sich Ihr Alter nicht schwarz, aber schauen Sie genau hin, was Sie gegebenenfalls brauchen, damit es bunt und möglichst angenehm wird. Behalten Sie bei all dem Ihre Gesamtsituation im Auge: Wenn Sie später mietfrei im Eigenheim leben oder ein Erbe erwarten, kommen Sie mit einer kleinen Rente besser über die Runden als Menschen mit einer hohen gesetzlichen und betrieblichen Rente, die aber viel Miete zahlen müssen."

Laut einer Faustformel benötigen Rentnerinnen etwa 80 Prozent des letzten Nettoeinkommens, um den gewohnten Lebensstandard zu halten. Steigende Mieten und Lebenshaltungskosten könnten jedoch dafür sorgen, dass Sie mehr Geld benötigen.

Ausgaben können sich im Alter verändern. Möglicherweise sind Sie dann nicht mehr Mitglied in einem teuren Fitnessstudio und können sich diese Kosten sparen. Andere steigen dagegen. Eventuell benötigen Sie eine Hilfe im Haushalt oder medizinische Extraleistungen, die nicht von der Kasse abgedeckt werden. Schauen wir uns einmal an, welche Ausgaben wegfallen und welche eventuell hinzukommen.

Diese Kosten fallen weg: Ausgaben im Zusammenhang mit Ihrer Berufstätigkeit wie Fahrtkosten oder Kosten für Ihre Verpflegung im Job, Beiträge zur Altersvorsorge (gesetzlich und privat), gegebenenfalls Kreditraten, wenn Ihr Haus oder Ihre Wohnung abbezahlt ist, Unterstützung für Ihre Kinder.

Diese Kosten könnten dagegen hinzukommen: neue Hobbys, mehr Reisen, Kosten für den Nahverkehr, falls Sie vorher ein Jobticket hatten, Auto und Handy, sofern die zuvor vom Arbeitgeber gestellt wurden.

Wann fange ich mit der Altersvorsorge an?

Die Antwort auf die Frage, wann Sie mit der Altersvorsorge beginnen sollten, hängt davon ab, wie viel Geld Sie im Alter benötigen und wie viel Sie monatlich zurücklegen können. Es gilt der Satz: Es ist nie zu früh, sich damit zu beschäftigen. Denn je länger Sie sparen, desto mehr profitieren Sie von den sich ansammelnden Zinsen beziehungsweise können Gewinne reinvestieren. Möglicherweise wollen Sie früher in den Ruhestand gehen. Dabei hilft ein gutes Polster enorm. Wenn Sie in Ihrer Familie mehr Fürsorgearbeit übernehmen beziehungsweise übernommen haben, sprechen Sie mit Ihrem Partner darüber, wie Ihre Einkommenslücke ausgeglichen wird. Denn Frauen im mittleren Alter leisten immer noch deutlich mehr Care-Arbeit als gleichaltrige Männer. Diese Arbeit ist zwar gut für die Familie und die Gesellschaft, in der Altersabsicherung bringt sie enorme Nachteile. In Deutschland gilt: Nur Erwerbstätigkeit – abgesehen von Kapitalerträgen – sichert Einkommen und damit Rente.

Die klassische Aufgabenteilung, bei der die Frau mehr unbezahlte Familienarbeit übernimmt, ist zwar für die meisten Familien am besten praktikabel, aber einkommens- und rententechnisch frustrierend. Sie können trotzdem etwas tun: Bevor Sie sich auf eine Teilzeitbeschäftigung einlassen, loten Sie aus, ob Ihr Arbeitgeber Sie nicht in anderer Form bei der Vereinbarkeit von Familie und Beruf unterstützen kann. Möglichkeiten sind etwa flexible Arbeitszeiten oder mobiles Arbeiten. Die Belastung wird dadurch nicht geringer, aber Sie sind vielleicht etwas freier in der Verwendung Ihrer Zeit.

Sprechen Sie mit Ihrem Partner beziehungsweise Ihrer Partnerin darüber, wie Aufgaben gerechter verteilt werden können, um Ihre Einkommenssituation zu verbessern. Ist eine flexible Vollzeitbeschäftigung nicht möglich, versuchen Sie, Ihre Arbeitszeit um weniger als 50 Prozent zu reduzieren, also nur 20 oder 30 Prozent weniger zu arbeiten. Das ist für Ihre Rente auf jeden Fall besser. Vergessen Sie nicht, Ihre Arbeitszeit wieder aufzustocken, wenn sich Ihre Familiensituation verändert hat, wenn die Kinder größer sind und Sie Ihre Zeit flexibler nutzen können. Seit 2019 gibt es einen Rechtsanspruch darauf, nach vorheriger Reduzierung zu einer Vollzeitbeschäftigung zurückzukehren.

Und auch wenn Sie in Teilzeit arbeiten: Denken Sie über eine Führungsposition nach, vielleicht gemeinsam mit einer Kollegin oder einem Kollegen. Denn neben Jobsharing gibt es auch Topsharing. Einige Unternehmen haben bereits erkannt, dass Führung auch in Teilzeit möglich ist. Wenn Ihr Arbeitgeber mitspielt, könnten Sie mit reduzierter Stundenzahl mehr Verantwortung übernehmen und so Ihr Einkommen steigern.

Sparen mit wenig Geld

Rund 40 Prozent aller Menschen in Deutschland haben praktisch keine Ersparnisse. Darunter sind Frauen besonders häufig vertreten. Darauf macht der Präsident des Deutschen Instituts für Wirtschaftsforschung (DIW), Marcel Fratzscher, in seinem Blog aufmerksam. Dies sei ein großes gesellschaftliches Problem, denn Ersparnisse gäben Sicherheit und mehr Freiheit, Verantwortung für das eigene Leben übernehmen zu können.

Ihre Lage haben die Frauen meist nicht selbst verursacht – Stichworte dazu sind: Gender Pay Gap und unbezahlte Care-Arbeit. Daran können sie manchmal nur wenig ändern. Vor allem Frauen mit niedrigem Einkommen brauchen daher besondere Strategien, um aus wenig Geld das Beste zu machen.

MENSCHEN MIT WENIG GELD können sich einen maßgeblichen Faktor zunutze machen und der heißt: Zeit. Mit einem langen Anlagehorizont können Sie mit kleinen Raten relativ viel erreichen. Das liegt am oft unterschätzten Zinseszinseffekt. Wenn Sie die Erträge immer wieder anlegen, erhöht sich Ihr Kapital deutlich und Sie erzielen höhere Erträge.

Das zeigt ein Vergleich zwischen einer langen und einer kurzen Sparphase. 40-jährige Sparphase: Anlegerin A ist 27 Jahre alt. Sie spart jeden Monat 100 Euro. Die durchschnittliche Rendite liegt bei 3 Prozent. Nach 40 Jahren kommt sie auf rund 92 000 Euro. Davon hat sie aber nur 48 000 Euro selbst gezahlt. Der Rest – 44 000 Euro – geht auf den Wertzuwachs zurück. Ihr Geld hat also ohne ihr Zutun 48 Prozent von ihrem Endkapital hervorgebracht.

20-jährige Sparphase: Sparerin B beginnt erst mit 47 Jahren zu sparen – 20 Jahre später. Um aufzuholen, erhöht sie ihre Rate und spart 200 Euro im Monat. Nach 20 Jahren hat sie genauso viel eingezahlt wie Anlegerin A: 48 000 Euro. Bei gleicher Rendite erreicht sie aber nur rund 65 500 Euro. Trotz gleichem Einsatz hat sie rund 26 500 Euro weniger Geld zur Verfügung.

Überlegen Sie sich die Summe, die Sie zu Rentenbeginn gern hätten. Spielen Sie nun verschiedene Szenarien durch: Rechnen Sie mit einem Investmentrechner durch, wie Sie Ihr Ziel bei verschiedenen Laufzeiten und Renditen sowie mit unterschiedlichen Sparraten erreichen können. Unter test.de/etf-sparplan finden Sie einen kostenlosen Renditerechner.

Fangen Sie früh an. Auch wenn Sie noch nicht viel verdienen, sollten Sie etwas zur Seite legen und in renditestarke langfristige Anlagen, etwa einen ETF-Sparplan, investieren. Wählen Sie eine Sparrate, die Sie finanziell nicht überfordert. Schon ab 10 Euro im Monat können Sie Sparpläne besparen. Sind Sie schon etwas älter, können Sie schon etwas besser einschätzen, welche Sparrate sinnvoll ist (siehe „Einfach Anlegen: Das Pantoffel-Portfolio", S. 101).

Eines allerdings sollten Sie im Kopf haben: Bei niedrigem Einkommen und einem geringen Rentenanspruch kann es sinnvoll sein, nicht zu viel zu sparen. Denn ein Vermögen über 10 000 Euro wird vom Sozialhilfeträger angerechnet, falls Sie in der Rentenphase auf Unterstützung durch die Grundsicherung angewiesen sind. Wenn Ihr Rentenbeginn in nicht allzu ferner Zukunft liegt, sollten Sie das vorab überschlagen.

Die gesetzliche Rentenversicherung

Für die meisten Arbeitnehmerinnen ist die gesetzliche Rente der Kern ihrer Altersvorsorge. Umso wichtiger ist es, zu wissen, wie Ihre Entscheidungen sich auf die Rente auswirken.

Ob wir wollen oder nicht: Arbeitnehmerinnen und Arbeitnehmern wird Monat für Monat der Rentenbeitrag vom Bruttolohn abgezogen. Der Beitragssatz liegt 2025 wie schon in den Jahren zuvor bei 18,6 Prozent des Bruttolohns. Davon tragen die Arbeitnehmenden 9,3 Prozent, die andere Hälfte übernimmt der Arbeitgeber. In Deutschland haben wir ein Umlageverfahren. Das heißt, dass die eingezahlten Rentenbeiträge der aktuell Erwerbstätigen direkt an die derzeitigen Rentnerinnen und Rentner ausgeschüttet werden. Sie werden also nicht für die eigene Rente angespart. Wer noch erwerbstätig ist, erwirbt nur Ansprüche in Form von Rentenpunkten.

Wie hoch genau Ihre tatsächliche gesetzliche Rente ausfallen wird, ist unklar. Der jährliche Rentenbescheid der gesetzlichen Rentenversicherung liefert Ihnen nur einen ungefähren Anhaltspunkt. Denn die Rente hängt von der durchschnittlichen Lohnentwicklung und Ihrer eigenen Lohnentwicklung bis zum Rentenbeginn ab. Beides lässt sich nicht genau voraussagen. Außerdem zahlen Sie, wenn Sie überdurchschnittlich gut verdienen, nicht auf Ihr gesamtes Gehalt Rentenbeiträge, sondern nur bis zur sogenannten Beitragsbemessungsgrenze. Diese liegt 2025 bei 8050 Euro brutto im Monat. Verdienen Sie mehr, zahlen weder Sie noch Ihr Arbeitgeber weitere Rentenbeiträge. Das bedeutet, dass Ihre Rentenansprüche nach oben hin begrenzt sind. Diese Einkommen scheinen fürstlich – was sie auch sind. Aber wahrscheinlich ist Ihr Lebensstandard entsprechend hoch und der will auch im Alter finanziert werden. Im Verhältnis zu Ihrem letzten Nettoeinkommen werden Sie aber eine wesentlich geringere Rente erhalten. Ihnen bleibt jedoch dank des guten Verdiensts mehr Spielraum für die private Vorsorge.

FRAUEN KOMMEN aufgrund ihrer anderen Biografien im Durchschnitt auf fast zehn Jahre weniger Versicherungszeit als Männer. Dadurch erhalten sie weniger Entgeltpunkte und erhalten im Schnitt eine Rente, die mehr als 400 Euro niedriger ist als die von Männern (siehe auch „Renten-Fakten", S. 124).

Wenn Sie vor 1992 ein Kind geboren haben, haben Sie Anspruch auf die sogenannte Mütterrente. Sie bekommen pro Kind 2,5 Rentenpunkte, das entspricht weniger als 100 Euro. Für alle Kinder, die nach dem 1. Januar 1992 geboren wurden, bekommen diejenigen Elternteile, die hauptsächlich die Erziehungsarbeit geleistet haben, automatisch bis zu drei Rentenpunkte. Selbst wenn die Rentenpunkte für vor 1992 geborene Kinder erhöht werden, wie es politisch geplant ist, bleibt das ein Tropfen auf den heißen Stein, denn dass das für eine eigenständige Absicherung nicht ausreicht, ist offensichtlich. Immerhin würdigt es zumindest in kleinem Maße die für die Gesellschaft so wertvolle Fürsorge-Arbeit. Aber das grundsätzliche Prinzip in Deutschland bleibt: Nur Erwerbserträge (und Kapitalerträge durch private Vorsorge) sichern Rente.

Für die meisten Ruheständler ist das erst einmal eine ungewohnte Situation: Das Einkommen ist plötzlich spürbar niedriger, schließlich liegt das Rentenniveau bei nur 48 Prozent. Das bedeutet, dass die Standardrente knapp die Hälfte des jeweils aktuellen Durchschnittseinkommens in Deutschland beträgt. Das lag 2024 bei 45358 Euro. Das Rentenniveau ist jedoch nur ein Indikator für die Leistungsfähigkeit des Rentensystems und hat keinen direkten Einfluss auf Ihre individuelle Rente. Die hängt davon ab, wie lange Sie in das System eingezahlt haben und wie hoch Ihr Einkommen über den gesamten Erwerbsverlauf war.

SOSALLA SAGT: „Gehen Sie spätestens mit 40 Jahren zur Rentenberatung, um fehlende Zeiten zu klären und eine grobe Einschätzung Ihrer künftigen Rentenhöhe zu bekommen. Wenn Sie bereits eine grobe Vorstellung haben, wie hoch die gesetzliche Rente einmal ausfallen wird, haben Sie ab Mitte 40 noch 20 Jahre Zeit, um nebenher privat vorzusorgen."

Das Rentenniveau wurde in den vergangenen Jahren aufgrund unserer demografischen Entwicklung, also der Überalterung der Gesellschaft, ein Stück weit abgesenkt, um das System nicht über Gebühr zu belasten. In Deutschland wird die Rente in einem sogenannten Umlageverfahren, also über einen Generationenvertrag finanziert. Das bedeutet, dass die heutigen Arbeitnehmer mit ihren Beiträgen zur Rentenversicherung die Renten der aktuellen Rentner bezahlen. Doch die Zahl der aktiven Einzahler wird immer geringer: Anfang der 1960er-Jahre kamen auf einen Rentner noch sechs aktive Versicherte. 1973 mussten vier Beitragszahler eine Rente finanzieren, 1988 waren es drei. Heute stehen einer Altersrentnerin rund zwei Beitragszahler gegenüber. Das Verhältnis von Beitragszahlern zu Rentnern wird sich in Zukunft noch weiter verschlechtern, da seit Anfang der 2020er-Jahre die geburtenstarken Babyboomer den Arbeitsmarkt verlassen und in den Ruhestand gehen. Gleichzeitig gibt es immer weniger junge erwerbstätige Menschen, weil die Geburtenzahl in Deutschland seit den 1970er-Jahren gesunken ist.

Was vielen nicht klar ist: Auf ihre Rente werden Steuern fällig. Die sogenannte nachgelagerte Besteuerung der Renten wurde 2005 eingeführt. Im Zuge dieser Änderung wurden Aufwendungen für die Altersvorsorge zunehmend steuerfrei, dafür werden die späteren Renteneinkünfte schrittweise besteuert. In der Regel ist die nachgelagerte Besteuerung für Sie vorteilhaft: Während Ihrer aktiven Berufstätigkeit zahlen Sie weniger Steuern auf Ihre persönliche Altersvorsorge, und da die Renteneinkünfte in der Regel niedriger sind als das Erwerbseinkommen, fallen im Ruhestand weniger Steuern an.

Bis 2058 gibt es eine Übergangsphase, in der nur ein Teil der Rente zu versteuern ist. Der Prozentsatz des Besteuerungsanteils steigt für Neurentnerinnen und Neurentner jedes Jahr an (§ 22 Einkommenssteuerge-

Renten-Fakten

Frauen verdienen im Schnitt weniger, unterbrechen oft ihre Berufstätigkeit, um Kinder oder Pflegebedürftige zu versorgen, arbeiten häufig Teilzeit und haben weniger Vermögen. All das führt dazu, dass sie im Ruhestand im Schnitt deutlich weniger Geld haben als Männer.

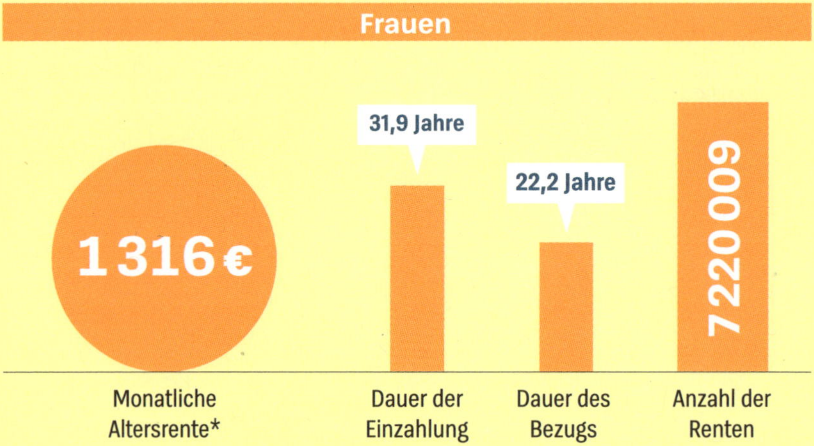

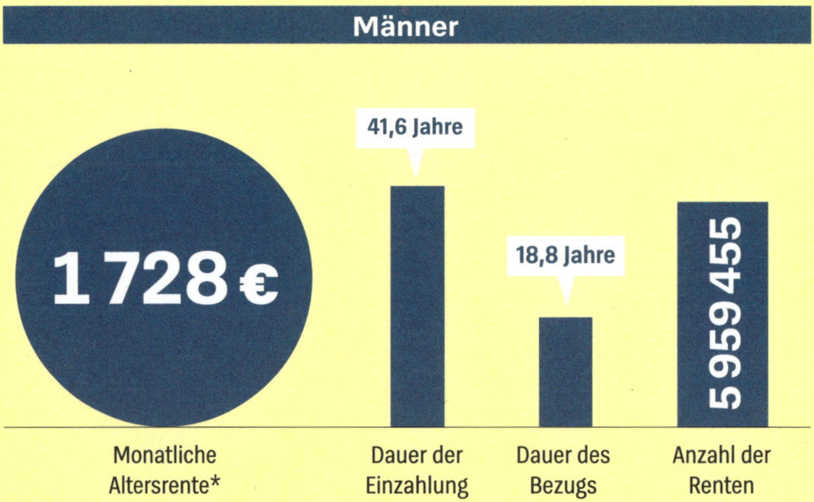

*nach mindestens 35 Versicherungsjahren, pro Monat

setz EStG). Ab dem Jahr 2058 ist dann die komplette Rente zu versteuern. Gehen Sie zum Beispiel 2025 in Rente, liegt der Besteuerungsanteil bei 83,5 Prozent. Außerdem werden Sozialabgaben auf die Rente Ihre späteren Einkünfte schmälern. Die Höhe dieser Abgaben ändert sich regelmäßig, wie der jüngste Anstieg der Krankenkassenbeiträge zeigt.

Betriebliche Altersvorsorge

Eine gute Altersvorsorge aufzubauen ist insbesondere für Frauen gar nicht so einfach. In vielen Fällen können Sie Ihren Arbeitgeber daran beteiligen.

Als Arbeitnehmerin haben Sie zwar ein Recht, über den Betrieb fürs Alter vorzusorgen, aber ohne Ihren Chef oder Ihre Chefin geht gar nichts. In welcher Form die betriebliche Altersvorsorge geschieht, entscheiden die Unternehmen. Es gibt fünf verschiedene Alternativen, die Direktversicherungen und die Pensionskassen sind die beliebtesten. Für Sie als Arbeitnehmerin ist es am besten, wenn der Betrieb die Beiträge komplett übernimmt oder Ihnen ordentlich Geld zur Betriebsrente zuschießt.

Seit 2019 bekommen Sie als Arbeitnehmerin in aller Regel einen Pflichtzuschuss von 15 Prozent, wenn Sie einen Vertrag zur betrieblichen Altersvorsorge (bAV) abgeschlossen haben. Seit 2022 gilt das auch für ältere Verträge. Allerdings gibt es zwei Ausnahmen: Ihr Arbeitgeber muss dadurch Sozialabgaben sparen und der Tarifvertrag sieht keine anderen Regelungen zur bAV vor. Das betrifft etwa Mitarbeitende im öffentlichen Dienst, da es dort eigene Regelungen gibt. Den vollen Arbeitgeberzuschuss bekommen Sie, wenn Sie unter der Beitragsbemessungsgrenze für die Krankenkasse verdienen. Die liegt Stand 2025 bei 66 150 Euro brutto im Jahr beziehungsweise 5 512,50 Euro im Monat. In diesem Fall sparen Sie und Ihre Arbeitgeberin die meisten Beiträge für die Kranken- und Pflegeversicherung. Eine weitere Voraussetzung ist, dass Sie in der gesetzlichen Rentenversicherung pflichtversichert sind.

Quelle: Deutsche Rentenversicherung, 2023

Modelle der betrieblichen Altersvorsorge

Gefördert werden Verträge bei Direktversicherungen, Pensionskassen und Pensionsfonds.

Direktversicherung: Eine Direktversicherung ist eine Lebensversicherung, die ein Arbeitgeber für seine Mitarbeitenden abschließt. Letztere können einen Teil ihres Bruttogehalts in eine solche Versicherung umwandeln. Der Beitrag für die Versicherung fließt also direkt aus dem Bruttogehalt. Deshalb heißt diese Form der betrieblichen Altersvorsorge auch Entgeltumwandlung. Ein Teil Ihres Gehalts wird umgewandelt in Beiträge für eine Rente. Direktversicherungen werden häufig in kleinen und mittleren Unternehmen angeboten. Mit ihnen sparen sowohl Sie als auch Ihr Arbeitgeber Steuern und Sozialversicherungsbeiträge. Wenn Ihr Arbeitgeber einen Teil der Beiträge übernimmt, lohnt sich diese Vorsorgeform besonders. Der Vorteil einer Direktversicherung gegenüber einer privaten Rentenversicherung ist, dass Ihr eigener Aufwand geringer ist. Diese Form kommt vor allem dann infrage, wenn Ihr Unternehmen noch gar kein Angebot für betriebliche Altersvorsorge hat. Wenn Sie eine Betriebsrente möchten, aber Ihr Arbeitgeber noch gar kein Angebot hat, muss er für Sie eine Direktversicherung abschließen. Fordern Sie ihn auf, mehrere Angebote einzuholen und das beste auszuwählen.

Der Staat fördert insbesondere die betriebliche Altersvorsorge für Arbeitnehmerinnen der unteren Gehaltsgruppen, indem er den Arbeitgebern, die für diese Arbeitnehmerinnen in eine Betriebsrente einzahlen, 30 Prozent der eingezahlten Summe als Zuschuss zurückgibt. Um diesen zu erhalten, müssen Betriebe 240 bis 960 Euro im Jahr in die betriebliche Altersvorsorge der Mitarbeitenden einzahlen, sofern diese maximal 2 575 Euro brutto im Monat verdienen.

Pensionskasse: Pensionskassen sind häufig mit einem einzelnen oder einigen wenigen Unternehmen verbunden und stehen nur den Mitarbeiterinnen dieser Betriebe offen. Es gibt auch Pensionskassen, die von Versicherungsunternehmen angeboten werden und somit einen größeren Markt bedienen. In der Regel sind sie als Verein organisiert, dessen Mitglieder die Arbeitgeber sind. Die Leistungen der Pensionskassen ähneln denen der privaten Lebensversicherer. Auch bei Pensionskassen gilt, dass die Einzahlungen aus dem Bruttogehalt erfolgen und daher die Belastung durch Steuer und Sozialversicherungsbeiträge verringern. Zwar muss die Rente später teilweise versteuert werden. Die meisten Menschen unterliegen jedoch im Rentenalter einem geringeren Steuersatz, sodass sie insgesamt betrachtet Geld sparen.

Pensionsfonds: Größere Unternehmen haben oft eigene Pensionsfonds zur betrieblichen Altersversorgung. Im Vergleich zu den anderen Formen der Altersvorsorge kann hier ein größerer Teil der Geldanlage in Aktien investiert werden. Dafür müssen Sparerinnen jedoch Abstriche bei der Garantie hinnehmen. Von den Erträgen hängt ab, welche Rente ein Pensionsfonds zahlt. Ein wichtiger Faktor sind die Kosten, die der Fonds für Verwaltung, Vertragsabschluss und Zusatzleistung berechnet. Da der Arbeitgeber dem Pensionssicherungsverein angehören muss, ist im Fall einer Pleite des Fonds das gesamte Sparvermögen abgesichert.

Unterstützungskasse – gut für Gutverdienerinnen: Die Unterstützungskasse ist eine arbeitgebereigene Einrichtung für die betriebliche Altersvorsorge und ein häufiges Modell bei großen Konzernen und Unternehmen. Die Einzahlungen sind steuerlich begünstigt, deshalb ist diese Variante für Beschäftigte in höheren Hierarchie- und Einkommensstufen besonders attraktiv. Wie hoch die Betriebsrente ausfällt, hängt von der Zusage des Arbeitgebers ab: Er garantiert nur eine Mindestauszahlung, die sich durch Überschüsse erhöhen kann. Diese hängen allerdings wiederum von den Erträgen der Kasse ab.

Direktzusage – Rente aus laufenden Erträgen: Bei dem Modell der Direktzusage verpflichtet sich der Arbeitgeber, den Mitarbeitenden eine Rente aus dem Betriebsvermögen zu zahlen. Die Direktzusage kommt ohne externen Versorgungsträger aus. Diese Variante wird häufig von großen Unternehmen genutzt, die Rückstellungen bilden müssen, um ihr Versprechen gegenüber den Arbeitnehmerinnen einhalten zu können. Allerdings kann der Arbeitgeber die Rückstellungen wieder in die eigene Firma investieren und so Steuern sparen. Die Auszahlungen werden in einer Art Umlageverfahren aus den laufenden Erträgen geleistet. Das Unternehmen muss auch Beiträge an den Pensionssicherungsverein zahlen, um die Betriebsrente bei Zahlungsschwierigkeiten nicht zu gefährden. Im Fall einer Insolvenz des Unternehmens würde der Verein einspringen und die Rente übernehmen.

Eine betriebliche Altersvorsorge bietet unbestreitbare Vorteile. Dennoch gibt es ein paar Haken, die Sie vor Abschluss eines Vertrags bedenken sollten: Eine grundsätzliche Kritik an der Entgeltumwandlung ist, dass ein Teil Ihres Bruttogehalts in die betriebliche Altersvorsorge fließt und Sie so weniger Beiträge in die gesetzliche Rentenversicherung einzahlen. Damit sammeln Sie weniger Rentenpunkte und Ihre gesetzliche Rente sinkt um diesen Anteil. Das bedeutet bei einem Modellkunden, der 87 Euro monatlich in die Betriebsrente einzahlt – weitere 13 Euro gibt der Arbeitgeber als Zuschuss dazu –, eine Betriebsrente von rund

115 Euro pro Monat. Seine gesetzliche Rente verringert sich allerdings durch die geringeren Einzahlungen um 36 Euro monatlich. Des Weiteren unterliegen auch Betriebsrenten der nachgelagerten Besteuerung. Das kann die steuerlichen Vorteile, die Sie während der Ansparphase genossen haben, im Alter zum Teil auffressen. Wie bei allen vertragsbasierten Vorsorgemöglichkeiten ist Ihr Geld zudem dauerhaft gebunden. Sie sind also weniger liquide, als wenn Sie Ihr Geld auf einem Tages- oder Festgeldkonto für sich arbeiten lassen. Das kann besonders dann zum Problem werden, wenn Sie durch ein unerwartetes Ereignis Zugang zu Ihren Ersparnissen benötigen.

Kosten und Gebühren: Bei vielen traditionellen Verträgen der betrieblichen Altersvorsorge sind die Abschlussgebühren hoch und schmälern die Rendite. Prüfen Sie daher die Kostenstruktur der angebotenen Finanzprodukte genau und bitten Sie gegebenenfalls Ihren Arbeitgeber darum, mehrere konkurrierende Angebote einzuholen, damit Sie sich für das günstigste entscheiden können. Eine klassische Rentenversicherung als betriebliche Altersvorsorge ist eine sogenannte Bruttopolice. Das heißt, die Kosten für den Service des Versicherungsmaklers sind bereits in den Beträgen enthalten, die Sie für Ihre Altersvorsorge bezahlen. Diese Provision wird von Ihren Beiträgen abgezogen, sobald Sie den Vertrag abschließen, und zwar so lange, bis die festgelegte Summe an Gebühren erreicht ist. Das bedeutet, dass in den ersten Jahren ein hoher Anteil Ihrer Beiträge für diese Provision verwendet wird statt für die Kapitalbildung. Diese Kostenstruktur sorgt für einen langsameren Aufbau des Vermögens. Daneben gibt es aber auch sogenannte Nettotarife ohne oder mit sehr geringen Abschlusskosten. Diese können sogar bessere Renditen bieten als manche privaten Anlageformen. Bei Nettotarifen verzichtet der Makler auf sämtliche Provisionen bei Vertragsabschluss, verlangt im Gegenzug aber vorab eine Summe für seine Beratung. Jeder Betrag, der fortan gezahlt wird, landet vollständig im Vertrag.

Vermögenswirksame Leistungen

Eine weitere Möglichkeit, um etwas Geld fürs Alter anzusparen, sind vermögenswirksame Leistungen (VL). Ihr Arbeitgeber kann Ihren entsprechenden Vertrag mit bis zu 480 Euro im Jahr unterstützen. Allerdings sind die vermögenswirksamen Leistungen Teil Ihres Gehalts und somit steuerpflichtig. Das Ganze ist ein recht komplexes Thema, denn es gibt nicht den einen VL-Vertrag, sondern verschiedene Möglichkeiten, für die Sie sich entscheiden können. Nutzen Sie diese Verträge jedoch nicht, verschenken Sie möglicherweise regelmäßig Geld. Viele Arbeitnehmerinnen haben zwar einen Anspruch auf vermögenswirksame Leistungen, lassen diesen aber verfallen. Es ist nicht festgelegt, wie hoch die vermögenswirksamen Leistungen des Arbeitgebers sein sollen. Der maximale Betrag liegt bei brutto 40 Euro pro Monat, also 480 Euro im Jahr. Angestellte müssen darauf noch Steuern und Abgaben entrichten. Die Verträge laufen in der Regel über sieben Jahre: Sechs Jahre lang zahlen Sie ein, das siebte Jahr ist ein Ruhejahr. Nach sieben Jahren können Sie frei über Ihr Geld verfügen. Experten empfehlen, nach dem Auslaufen des ersten Vertrags nach sechs Jahren gleich einen neuen abzuschließen, um permanent dranzubleiben. Insgesamt erhalten Sie so maximal 2880 Euro pro Vertrag als Geschenk Ihres Arbeitgebers. Auch wenn die Summen zunächst niedrig klingen: Wenn Sie das Ihr ganzes Berufsleben lang durchhalten und vor allem in Börsenfonds mit einer durchschnittlichen Rendite von rund 8 Prozent (wie in den vergangenen 30 Jahren) investieren, können so mehrere Zehntausend Euro zusammenkommen.

Diese Form des Sparens ist nicht ganz einfach: Bevor Sie sich für eine Variante entscheiden, müssen Sie sich ein bisschen umsehen. Es gibt Verträge in Form von Fondssparplänen, Banksparplänen oder Bausparverträgen. Ihr VL-Vertrag sollte zu Ihrem individuellen Sparziel passen. Ein Fondssparplan eignet sich für die meisten VL-Berechtigten am besten. Damit nehmen Sie am Aktienmarkt teil. Die von der Stiftung Warentest empfohlenen ETF sind für diesen Zweck ideal. Vor allem, wenn Sie jung sind, können Sie so risikolos erste Erfahrungen mit Aktienanlagen sammeln. Eine Alternative ist ein Banksparplan. Allerdings gibt es da nur eine geringe Produktauswahl. Wenn Sie dennoch ein attraktives Angebot finden: Nutzen Sie es. Das Gleiche gilt für Bausparverträge. Sie können für manche VL-Sparerinnen eine attraktive Lösung sein – und zwar nicht wegen der Verzinsung, denn aus Renditesicht bringt ein Bausparvertrag kaum etwas. Wer jedoch einen Immobilienkauf oder eine kreditfinanzierte Modernisierung plant, freut sich über die Möglichkeit, auf diesem Weg an ein günstiges Darlehen zu kommen.

EXTRA-TIPP FÜR JUNGE MENSCHEN: Für jüngere Frauen bis 25 Jahre kann ein Renditebausparvertrag attraktiv sein. Denn hier müssen Sie das gesparte Geld nicht zwingend in einen Immobilienkauf stecken, sondern können mit dem Geld machen, was Sie wollen. Das lohnt sich besonders, wenn Sie als Single weniger als 40000 Euro zu versteuerndes Einkommen haben – denn dann erhalten Sie zusätzlich die Arbeitnehmersparzulage.

Wer unter einem bestimmten Einkommen verdient, hat Anspruch auf die Arbeitnehmersparzulage vom Staat. Entscheidend ist Ihr zu versteuerndes Einkommen. Das ist nicht Ihr Bruttogehalt, denn von dem sind noch Vorsorgebeiträge, Werbungskosten, Freibeträge und andere steuermindernde Ausgaben abzuziehen. Liegt dieses zu versteuernde Einkommen unter 40000 Euro (bei Alleinstehenden) beziehungsweise unter 80000 Euro (bei Verheirateten), legt der Staat noch etwas auf Ihren VL-Vertrag drauf. Die Einkommensgrenzen wurden unlängst deutlich angehoben. Für Bausparverträge beträgt die Förderung 9 Prozent von 470 Euro, das ergibt eine maximale jährliche Zulage von rund 43 Euro. Mehr gibt es für Fondssparpläne: Die werden mit 20 Prozent von 400 Euro bezuschusst und damit mit bis zu 80 Euro im Jahr. Die Zulage können Sie jährlich über die Einkommenssteuererklärung beantragen. Die Höhe der VL-Einzahlungen kennt das Finanzamt, diese Information kommt automatisch vom Anbieter.

Unverzichtbar: Die private Vorsorge

Um einen zusätzlichen Baustein zur Altersvorsorge kommen Sie nicht herum, um die Rentenlücke zu schließen. Den müssen Sie privat ansparen. Es gibt mehrere Möglichkeiten, sinnvoll vorzusorgen.

Private Altersvorsorge ist die dritte Säule, auf der ein zukunftsfester finanzieller Plan ruht – neben der gesetzlichen Rente und der Betriebsrente. Die möglichen Wege sind sehr unterschiedlich: Sie reichen von einem selbst erstellten Depot aus Aktien und Zinsanlagen über eine private Rentenversicherung bis hin zur staatlich geförderten Riester- oder Rürup-Rente. Alle Varianten haben Vor- und Nachteile, die Sie kennen sollten, bevor Sie sich entscheiden. Denn gerade hier ist es wichtig, eine Art des Sparens zu wählen, die zu Ihnen und Ihrem Leben passt – damit Sie Ihren Plan über 20 oder 30 Jahre durchhalten können.

Generell gilt: Falls Sie Ihre Altersvorsorge nicht selbst in die Hand nehmen, sondern eine private Rentenversicherung abschließen, ist es vor Vertragsabschluss wichtig, die Bedingungen genau durchzuschauen: Welche Kosten berechnen die Anbieter? Zu welchen Bedingungen legen sie das Geld an und zahlen es später aus? Wenn Sie Haken im Vertrag erst später entdecken, ist das ungünstig, denn ein Wechsel auf ein anderes Produkt ist meist teuer.

Schauen wir uns also die drei verschiedenen Möglichkeiten an. Variante eins ist die selbst gemachte Altersvorsorge, zum Beispiel in Form eines Pantoffel-Portfolios (siehe S. 101). Die Stiftung Warentest empfiehlt diese Variante für alle, die sich zutrauen, ein einfaches Depot mit einem oder zwei ETF selbst zu managen – und die genug Selbstbeherrschung haben, um 20 oder 30 Jahre durchzuhalten und das Geld nicht zwischendurch für Konsumwünsche abzwacken.

Also: Wenn Sie es sich zutrauen, Ihr Geld mit geringem Aufwand selbst zu managen: Tun Sie es! Es ist die kostengünstigste Methode und bringt daher eine höhere Rendite als eine private Rentenversicherung, bei der immer ein Teil des Geldes an den Anbieter fließt.

Ermutigend sind Studien zum Investitionserfolg von Frauen. Laut einer Analyse der Direktbank ING von über zwei Millionen Kundenportfolios investierten Frauen zwar insgesamt weniger als Männer – dafür hatten sie aber eine um 0,5 Prozentpunkte bessere Portfolio-Performance. Außerdem wuchs der Anteil an Frauen zwischen 25 und 34 Jahren, die ein Wertpapierdepot haben, seit 2019 fast doppelt so stark wie der von Männern. Fazit der ING-Analyse: Frauen haben das bessere Händchen fürs Investieren. Wenn das keine Motivation ist!

SOSALLA SAGT: „Vor allem wenn Sie noch jung sind und sich etwa als Berufseinsteigerin auf den ersten Metern Ihrer Karriere befinden, sollten Sie sich nicht zu früh an eine langlaufende und starre Altersvorsorge in Form von Verträgen binden. Sie wissen noch gar nicht, wohin Ihre berufliche und möglicherweise familiäre Reise geht. Da ist Flexibilität wichtiger als Planbarkeit."

Wer gern selbst Entscheidungen trifft, auch mit Blick auf seine Absicherung im Alter, ist mit ETF und Fonds besser beraten. Ohne die Renditen, die Aktien bieten, ist es schwierig, ein ausreichendes Polster anzusparen. Je früher Sie mit einem ETF-Sparplan beginnen, desto mehr Erfahrungen können Sie an den Börsen sammeln, und das bei gleichzeitiger

Flexibilität, um Ihre Einzahlungen nach oben oder nach unten anzupassen – je nachdem, wie es gerade zu Ihrer Lebenssituation passt. Die geringen Kosten sprechen ohnehin für ETF. Mit Kosten von rund 0,2 Prozent pro Jahr sind sie unschlagbar günstig. Sie übernehmen damit ein Risiko, deshalb ist Ausdauer gefragt, um einen Börseneinbruch gut aushalten zu können. Hier finden Sie noch einmal die Vor- und Nachteile einer Altersvorsorge mit Fonds und ETF.

Die Vorteile: Sie haben höhere Renditechancen als bei sicher verzinsten Produkten. Sie sind immer flexibel: Egal, ob Sie Ihre Sparrate erhöhen, senken oder ganz pausieren wollen, Ihnen entstehen keine zusätzlichen Kosten. Die Kosten sind deutlich niedriger als bei Altersvorsorgelösungen der Versicherer.

Die Risiken: Der Wert von Aktien-ETF kann kurzfristig stark schwanken, auch über längere Zeit können die Kurse ins Minus rutschen. Sie brauchen ein bisschen Zeit, Lust und Wissen, um Ihr Vermögen selbstständig zu verwalten. Das ist aufwendiger, als wenn andere das für Sie tun.

Wer noch lange Zeit bis zur Rente hat, sollte auf ETF zur Altersvorsorge setzen. Auf lange Sicht ist das Verhältnis von Rendite zu Risiko so gut wie bei keiner anderen Anlageform. Besonders die geringen Kosten sorgen dafür, dass Sie das meiste aus Ihren Ersparnissen herausholen.

Die zweite Variante ist eine staatlich geförderte Altersvorsorge mit einem Riester- oder – für Selbstständige – einem Rürup-Vertrag. Angesichts der negativen Schlagzeilen zur Riester-Vorsorge fragen sich viele Frauen allerdings, ob sich diese Art der Vorsorge überhaupt noch eignet. Die Stiftung Warentest sagt: Ja – aber nur in ganz bestimmten Fällen. Heute noch einen Riester-Vertrag abzuschließen lohnt sich nur, wenn die Förderung im Vergleich zu dem Betrag, den Sie selbst ansparen, sehr hoch ist. Das ist etwa bei Geringverdienerinnen mit mehreren Kindern der Fall. In diesen Fällen gleicht die staatliche Förderung den großen Nachteil der Riester-Rente aus: die hohen Kosten, von denen ein Teil bei Vertragsabschluss fällig ist, ein weiterer Teil beim Beginn der Rentenphase. Details finden Sie kostenlos unter test.de/riester.

Anders als die Riester-Rente ist die Rürup-Rente speziell für Selbstständige und Freiberufler konzipiert. Beide Produkte können jedoch Kosten verursachen, die bei der Auswahl eines Anbieters genau verglichen werden sollten. Die Rürup-Rente hat zwei Vorteile: Es gibt eine Steuerförderung, die das Produkt vor allem für Gutverdiener attraktiv macht.

Und falls es mal schlecht läuft und Sie Bürgergeld beantragen müssen, gilt ein Rürup-Vertrag nicht als Vermögen und wird daher nicht angetastet. Eine Rürup-Rente hat aber auch Nachteile. Wenn Sie im Notfall an Ihr Erspartes müssen, ist die Rürup-Rente keine Hilfe – denn an die bereits erfolgten Einzahlungen kommen Sie nicht mehr heran. Ein weiterer Nachteil: Die Rürup-Rente kann man sich nur als monatliche Rente bis ans Lebensende auszahlen lassen – eine einmalige Auszahlung oder Teil-Auszahlung ist nicht möglich. Das ist ungünstig für alle, die mit dem Renteneintritt beispielsweise ihre Immobilie abzahlen möchten oder eine kleine Wohnung kaufen wollen.

Die dritte Variante ist die private Altersvorsorge über eine Rentenversicherung, wie sie große Anbieter wie etwa Allianz, Ergo und R+V im Angebot haben. Lange Zeit war dies der Deutschen liebstes Kind bei der privaten Altersvorsorge. In der Vergangenheit sprach einiges für diese Produkte: Gute Planbarkeit fiel zusammen mit einer akzeptablen Rendite. Eine klassische private Rentenversicherung bietet einen garantierten Zinssatz in der Sparphase und eine garantierte Rentenhöhe in der Auszahlungsphase. Das ist eigentlich eine sehr charmante Idee: Der feste Zinssatz in der Ansparphase sorgte für Sicherheit, und wenn die Versicherung das Geld der Kundinnen gut anlegt, gibt es zur garantierten Rente noch etwas obendrauf – die sogenannte Überschussbeteiligung. Hinzu kommt, dass Versicherungslösungen steuerlich begünstigt werden. Der Vertrag muss mindestens zwölf Jahre laufen und die Versicherte bei einer Kapitalauszahlung mindestens 62 Jahre alt sein. Dann ist nur die Hälfte des Ertrags mit dem persönlichen Steuersatz zu versteuern. Noch günstiger sind die Regeln für monatliche Rentenzahlungen: Hier ist nur ein fiktiver Ertragsanteil der Rente zu versteuern, der bei Renteneintritt mit 67 dauerhaft bei 17 Prozent der ausgezahlten Summe liegt. Doch seit der Finanzkrise von 2008 haben die jahrelang sehr niedrigen Zinsen dazu geführt, dass die Rendite der klassischen privaten Rentenversicherungen drastisch sank – bei gleichbleibend hohen Kosten.

DA DIE GARANTIERTE VERZINSUNG im Jahr 2025 nach einer langen Durststrecke erstmals wieder angehoben wurde auf 1 Prozent, haben wir im Sommer 2025 klassische Rentenversicherungen getestet. Das Ergebnis: Bei den meisten Angeboten fallen die garantierten Renten äußerst mäßig aus. Sehr gute Tarife gibt es nicht, nur drei gute: Europa E-RCP, Hannoversche Bausteinrente R4 und Die Bayerische KlassikRente 25867.

Es bleibt jedoch dabei, dass eine klassische private Rentenversicherung nur etwas für absolute Sicherheitsfanatikerinnen ist. Mit dem Abschluss ist Ihnen eine lebenslange Mindestrente garantiert. Damit können Sie sicher planen. Sie müssen jedoch sehr alt werden, bis die Summe der garantierten Monatsrenten die Summe Ihrer eingezahlten Beiträge übersteigt.

Für alle anderen, die mit etwas mehr Unsicherheit leben können, gibt es bessere Alternativen. Wenn Sie sich nicht mit einem selbst gemachten Pantoffel-Depot (siehe oben) anfreunden können, empfehlen wir eine fondsgebundene Rentenversicherung ohne Beitragsgarantie. Letztlich ähnelt diese Anlage einem Fondssparplan, allerdings mit dem Unterschied, dass die Versicherung Ihnen garantiert, Ihr Vermögen später in eine lebenslange Rente umzuwandeln. Steuerliche Vorteile gibt es auch hier, da während der Ansparphase die Erträge der Fonds nicht versteuert werden müssen. Und Sie können zwischen Kapitalauszahlung und Rente wählen. Aber auch die Nachteile wollen wir nicht verschweigen: Fondsgebundene Rentenversicherungen haben deutlich höhere Kosten als Fondssparpläne. Es kann sein, dass die Fonds schlecht laufen und Sie als Kundin tragen das Anlagerisiko allein. Wenn Sie den Vertrag vorzeitig kündigen wollen, verlieren Sie die Abschlusskosten. Und: Je nach Vertrag müssen Sie über 100 Jahre alt werden, um das angesparte Vermögen in Form von Rentenzahlungen herauszubekommen. Achten Sie auf den Mindest-Rentenfaktor. Hier gilt: Je höher, desto besser.

DIE STIFTUNG WARENTEST hat 2025 aufwendig 22 fondsgebundene Rentenversicherungen ohne Beitragsgarantie untersucht (test.de/fondsgebundene-rentenversicherung) und dabei festgestellt: Die Renditeminderungen durch die Kosten reichen von 0,38 Prozentpunkten beim Tarif Europa E-RI bis 1,35 Prozentpunkte bei der Inter MeinLeben Privatrente Flexibel.

Das klingt nicht hoch. Bei der Altersvorsorge über Jahrzehnte machen Nachkommastellen aber Tausende von Euro aus. In unserem Modellfall über 30 Jahre mit 200 Euro monatlicher Einzahlung kämen im günstigen Fall fast 183 000 Euro zusammen, im teuren Fall nur fast 154 000 Euro. Das ist ein Unterschied von fast 30 000 Euro. Das sind über 40 Prozent der Einzahlungen von 72 000 Euro. Zum Vergleich: Mit einem kostenlosen ETF-Sparplan hätte unser Musterkunde im gleichen Zeitraum fast 196 000 Euro erreicht.

Es gibt allerdings auch Rentenversicherungen am Markt, von denen die Stiftung Warentest auf jeden Fall abrät: Indexpolicen und Fondspolicen mit Beitragsgarantie, sogenannte hybride Rentenversicherungen, sind in erster Linie ein gutes Geschäft für die Versicherer. Das sollten Sie lieber sein lassen. Falls Ihnen von Ihrem Versicherungsmakler ein Produkt angeboten wird, fragen Sie auf jeden Fall detailliert nach, um welche Art es sich handelt. Lassen Sie sich nicht einschüchtern! Finanzexperten benutzen oft eine eigene Sprache, Fachbegriffe und Floskeln, die verunsichern können. Wenn Sie dieses Buch bis hierher gelesen haben, können Sie problemlos mitreden. Bleiben Sie am Ball und erkundigen Sie sich hartnäckig, wenn Sie in einem Beratungsgespräch etwas nicht verstehen. Es ist keine Schande, sich mit den Finessen der Finanzbranche und den dazugehörigen Fremdwörtern nicht auszukennen. Bevor Sie einen Vertrag unterschreiben, schlafen Sie eine Nacht darüber. Oder noch besser: Holen Sie sich unabhängigen Rat bei uns oder einer Verbraucherzentrale. Sie können sich online, telefonisch oder persönlich beraten lassen. Manche Termine sind kostenpflichtig. Sie sind allerdings ihr Geld wert, wenn Sie nach der Beratung eine bessere Rendite oder eine zuverlässige Geldanlage ohne zu hohe Kosten erhalten.

07

Setzen Sie Ihre finanzielle Reise fort

Weiterbildung: Lernen als Erfolgsfaktor

Man lernt nie aus, weiß der Volksmund. Warum nicht auch Sie? Tun Sie es gezielt, mit einer passenden Weiterbildung. Um die Karriereleiter weiter hinaufzuklettern oder einfach aus Spaß am Lernen.

In die eigene Zukunft zu investieren kann eine sehr gute Idee sein. Wenn Sie sich weiterbilden, stecken Sie beruflich nicht fest, können sich neue Aufgabenfelder erobern oder Ihre Position in der Firma verbessern. Vielleicht gibt es ein Gebiet, auf dem Sie schon länger etwas dazulernen wollten, dann gehen Sie es an! Neben dem Spaß, aus dem Alltagstrott herauszukommen, vielleicht neue spannende Menschen kennenzulernen und Abwechslung ins Berufsleben zu bringen, hat eine Weiterbildung viele Vorteile: Sie zeigen Ihrem Chef oder Ihrer Chefin, dass Sie eine zusätzliche Qualifikation anstreben. Damit können Sie selbstbewusst in die nächste Gehaltsverhandlung gehen. Vielleicht brauchen Sie eine bestimmte Zusatzausbildung, um befördert werden zu können? Eventuell winkt im Anschluss eine Gehaltserhöhung? Das wäre auch in finanzieller Hinsicht der beste Fall. Denn wie wir festgestellt haben: Die wichtigste Quelle für finanzielle Sicherheit ist Ihr Gehalt. Je höher es ist, desto mehr können Sie zurücklegen – für Schönes, das Sie sich zwischendurch leisten wollen, oder für Ihre Altersvorsorge. Allerdings können Kurse und Fachbücher ganz schön ins Geld gehen. Doch es gibt Unterstützung von mehreren Seiten.

Hilfe vom Staat

Für Weiterbildungen gibt es Hilfen vom Staat, vom Bund und von den Ländern, die Sie sich nicht entgehen lassen sollten. Arbeitnehmerinnen, Arbeitslose und Selbstständige können entsprechende Fördergelder beantragen. Viele Arbeitgeber unterstützen das Engagement von bildungshungrigen Mitarbeiterinnen mit Zeit, indem diese während der Arbeitszeit für Fortbildungen freigestellt werden, und oft auch mit Geld. Vor allem für Arbeitnehmerinnen sieht es in Sachen Unterstützung gut aus. Für Arbeitslose oder Berufsrückkehrerinnen aus Eltern- oder Pflegezeit und Selbstständige ist das Angebot an Fördermöglichkeiten geringer, doch auch sie können fündig werden. Es kann etwas aufwendig sein, einen Zuschuss zu einem Kurs zu beantragen oder sich für ein Stipendium zu bewerben. Doch die Mühe lohnt, denn Weiterbildung zahlt sich aus.

Fragen Sie sich, welches Ziel Sie mit der Zusatzausbildung verfolgen. Was wollen Sie beruflich erreichen und was fehlt Ihnen dafür? Benötigen Sie eine Fremdsprache oder eher aktuelles IT-Wissen? Im Netz finden Sie zahlreiche Telefonnummern für alle Bundesländer, die kostenlose Beratung zu Weiterbildung anbieten. Eine gute erste Anlaufstelle ist das Infoweb Weiterbildung (iwwb.de). Dort erhalten Sie viele Informationen zu den jeweiligen Fördermöglichkeiten. Die Agentur für Arbeit ist ebenfalls eine gute Anlaufstelle: Bestimmte Weiterbildungen können Sie sich mit einem Bildungsgutschein bis zu 100 Prozent fördern lassen. Überlegen Sie sich, wie Sie lernen möchten: Stellen Sie sich eher einen berufsbegleitenden Lehrgang vor oder wollen Sie einen Vollzeitkurs belegen? Wenn Sie das für sich geklärt haben, suchen Sie nach einem passenden Kurs, beispielsweise über eine der zahlreichen Weiterbildungsdatenbanken im Netz, etwa über das Weiterbildungs-Informationssystem der IHK (https://wis.ihk.de), kursfinder.de oder Springest (springest.de). Praktisch sind auch die unabhängigen Suchportale der Bundesländer, die vorrangig Kurse in Ihrer Region anzeigen.

Einen allgemeinen gesetzlichen Anspruch auf Weiterbildung gibt es nicht. Allerdings haben viele Bundesländer (außer Bayern und Sachsen) spezielle Regelungen für einen Bildungsurlaub oder für eine Bildungsfreistellung. Dort haben Arbeitnehmerinnen einen Anspruch auf bezahlte Freistellung zur Weiterbildung. Üblicherweise dürfen Sie das für einen Zeitraum von bis zu fünf Tagen pro Kalenderjahr oder bis zu zehn Tagen pro zwei Kalenderjahre in Anspruch nehmen. Holen Sie Ihren Chef oder Ihre Chefin möglichst früh ins Boot, um zu sehen, wie Ihre Chancen auf eine solche Freistellung stehen. Eventuell übernimmt das Unternehmen sogar die Kosten oder zumindest einen Teil davon. Denn es hat ein eigenes Interesse daran, dass sich Mitarbeiterinnen weiterqualifizieren.

JE BESSER SIE INFORMIERT SIND, desto leichter können Sie Ihre Vorgesetzten vom Nutzen der Weiterbildung überzeugen. Holen Sie vorher so viele Informationen wie möglich ein, erkundigen Sie sich zu Kosten und Dauer und überzeugen Sie Ihren Arbeitgeber auf diese Weise, dass Ihre Weiterbildung eine gute Investition in Sie und für den Betrieb ist.

Mit dem Lernen Steuern sparen

Auch der Fiskus unterstützt Ihre Lernfreude: Sie können viele Ausgaben, die mit Ihrer Weiterbildung in Zusammenhang stehen, in Ihrer Steuererklärung angeben. Dazu zählen die Kursgebühren für ein Seminar, für einen Lehrgang oder für ein Zweitstudium. Ausgaben für Studien-, Sprach- oder Kongressreisen können Ihnen ebenfalls Vorteile bei der Steuererklärung bringen. Die Veranstaltungen müssen dafür aber straff organisiert sein und berufliche Interessen klar im Vordergrund stehen. Das Finanzamt sieht als Beleg gern eine Übersicht, wie die Bildungsreise genau abgelaufen ist.

Das Finanzamt erkennt zudem Fahrt-, Verpflegungs- und Übernachtungskosten an. Sie haben Fachbücher gekauft, das Internet an anderen Orten genutzt oder reichlich Kopien für den Unterricht erstellt? Ab in die Steuererklärung damit. Sogar die Kreditzinsen und -gebühren können Sie angeben, sollten Sie die Weiterbildung auf Pump finanziert haben. Für Arbeitnehmerinnen setzt das Finanzamt automatisch eine Werbungskostenpauschale von 1230 Euro im Jahr an. Mit jedem Euro, den Sie darüber hinaus für den Job ausgeben, sparen Sie weiter Steuern. Ist Ihre Werbungskostenpauschale schon ausgeschöpft, etwa durch Kosten für den Fahrtweg oder durch einen berufsbedingten Umzug, macht sich der Steuervorteil durch die Weiterbildung voll bemerkbar. Die meisten Arbeitnehmerinnen nutzen Bildungsurlaube, um sich konkret mit etwas zu beschäftigen, was auf ihren aktuellen Beruf bezogen ist. Sie dürfen aber auch freier denken: Je nach Bundesland werden Seminare zur persönlichen oder politischen Bildung oder zur Weiterbildung in einem Ehrenamt gefördert.

Was machen Sie, wenn Sie derzeit nicht erwerbstätig bin? Auch Sie können sich einen steuerlichen Vorteil sichern, möglicherweise erst mit Verzögerung. Wenn Sie beispielsweise als eine junge Mutter in der Erziehungszeit auf eigene Kosten ein Wochenendseminar besuchen, sollten Sie die Kosten dafür beim Finanzamt abrechnen. Wenn Sie keine oder nur geringe Einnahmen haben und die Bildungskosten höher liegen, ermittelt das Finanzamt einen steuerlichen Verlust. Dieser wird entweder im selben Jahr mit anderen Einkünften – bei Zusammenveranlagung eines Paares etwa mit denen des Partners – verrechnet. Oder der Verlust kann zum Beispiel bei Alleinlebenden in der Steuererklärung von Jahr zu Jahr mitgenommen, im Fachjargon vorgetragen, werden. Wenn irgendwann wieder ausreichend Einkommen vorhanden ist, wirkt er sich steuermindernd aus.

Selbstbestimmt durchs Leben gehen

Sie haben jetzt schon jede Menge Rüstzeug für Ihre unabhängige finanzielle Zukunft. Hält Sie jetzt noch etwas vom Handeln und Entscheiden ab?

Hand aufs Herz: Sie haben sich mit diesem Buch sehr viel Wissen über Geld und den Umgang damit angeeignet. Und trotzdem will es mit der Einrichtung eines Depots, dem Gang zur Bank oder dem Auflösen alter Verträge noch nicht so richtig klappen? Da geht es Ihnen wie vielen: Wir beschäftigen uns mit Dingen, von denen wir wissen, dass wir das angehen müssten, aber belassen es dann bei der Lektüre. Dann haben wir zwar das gute Gefühl, einen ersten Schritt gegangen zu sein. Den zweiten Schritt lassen wir dann aber gern aus, denn der würde Handeln, nochmals genauer Hingucken, eine eingehende Beschäftigung mit verschiedenen Angeboten und den entscheidenden Klick oder die Unterschrift unter einen Vertrag bedeuten. Davor schrecken wir trotz aller Information oft zurück. Weil man sich nie hundertprozentig sicher ist, das richtige Produkt gefunden zu haben. Weil man Sorge hat, sich zu lange zu binden, oder noch warten will. Das ist menschlich und verständlich. Und gleichzeitig ist es die größte Hürde, um konkret ins Tun zu kommen.

Auf jeden Fall haben Sie nun einen guten Überblick darüber, wie Ihre finanzielle Situation aussieht, was Sie haben, brauchen und wollen.

SOSALLA SAGT: „Machen Sie sich noch einmal klar, was Ihre Ziele sind. Malen Sie sich diese vor Ihrem geistigen Auge lebhaft aus. Dann gehen Sie Ihrem Zögern auf den Grund und holen Sie sich, was Ihnen noch fehlt: Informationen, Unterstützung oder eine Portion Mut."

Vielleicht sind Ihnen Dinge eingefallen, auf die zu sparen es sich lohnt. Sie sind motiviert, Ihr neues Wissen einzusetzen, um sich Ihre Träume zu erfüllen. Allein das kann die Entscheidung für das ein oder andere Finanzprodukt erleichtern und Ihren Spaß am Investieren erhöhen. Viel-

Checkliste: Kommen Sie ins Handeln

Habe ich alle Informationen gesammelt, die ich brauche, um eine **qualifizierte Entscheidung** zu treffen?

Habe ich einen **guten Überblick** über meine Einnahmen und Ausgaben und eine Vorstellung davon, wie viel ich zurücklegen kann?

Kenne ich meinen **Risikotyp** und bin mir sicher, dass ich dementsprechend investiere?

Weiß ich, wofür ich das tue, – und habe eine dazu passende **Strategie** gefunden?

Weiß ich, welcher **Pantoffel** für mich passt?

Habe ich meine **Einstellung zu Geld** geändert und gehe entspannt und lustvoll mit dem Gefühl um, mehr daraus zu machen?

Freue ich mich, Entscheidungen in Bezug auf mein Geld getroffen zu haben?

leicht sprechen Sie noch einmal mit Freundinnen darüber, teilen Ihr Wissen und tauschen sich aus. Gemeinsam lässt sich die manchmal etwas verwirrend erscheinende Unübersichtlichkeit der Angebote besser durchdringen. Wenn Sie sich entschieden haben, werden Sie schnell merken: Es ist ein gutes Gefühl, sein Geld angelegt zu haben und zu wissen, dass es sich vermehrt. Dieser Schritt sichert Ihnen ein höheres Maß an Freiheit und Selbstbestimmung und Unabhängigkeit.

Ausgesorgt: Das gute Gefühl der Vorsorge

Sie haben die richtigen Weichen gestellt und können sich nun ein bisschen zurücklehnen. Ihr Geld arbeitet für Sie und Sie können sich wieder mit anderen Dingen beschäftigen.

Dinge, die uns weit weg erscheinen, schauen wir uns häufig gar nicht erst an. Das gilt auch und vor allem, wenn sie uns Angst machen, selbst wenn sie nur ein vages Gefühl wie „Damit müsste ich mich mal beschäftigen, aber ich habe Sorge, was ich dann zu sehen bekomme" hervorrufen. Mit diesem Buch haben Sie allerdings den Blick auf die Gegenwart und sogar ein bisschen in die Zukunft gewagt und einen klareren und hoffentlich zuversichtlichen Blick auf das bekommen, was kommen mag. Sie haben sich mit Spar-, Förder- und Unterstützungsmöglichkeiten beschäftigt, sich ein bisschen umgeschaut und umgehört, wie es andere machen, und entschieden, für sich selbst zu sorgen – mit dem, was Sie zur Verfügung haben, und genau so, wie es für Sie richtig und am besten ist.

Es ist doch ein sehr angenehmes Gefühl, sich nicht mehr jeden Tag Sorgen um die Zukunft machen zu müssen, oder? Jetzt ist der Moment, an dem Sie sich einmal auf die Schulter klopfen dürfen und sollten! Selbst wenn Sie noch ein bisschen zögern und nicht sofort eine Entscheidung treffen, wie und wo Sie investieren. Sie sind auf jeden Fall viele Schritte weiter als vor der Lektüre dieses Ratgebers.

Sie haben einen Überblick bekommen, welche Finanzprodukte es gibt. Vielleicht haben Sie schon die ein oder andere Vorliebe entwickelt. Sie wissen, wo Sie noch fehlende Informationen herbekommen. Ein Blick auf unsere Website test.de versorgt Sie regelmäßig mit aktuellen Daten und Fakten. Sie wissen, dass ein ETF immer eine gute Option ist, und haben für sich herausgefunden, wie Sie Ihr Pantoffel-Portfolio gestalten möchten: defensiv, ausgewogen oder etwas riskanter. Sie wissen, wie Sie die Konditionen für Fest- und Tagesgeld bei unterschiedlichen Banken vergleichen, und haben vielleicht schon ein paar Euro hin- und hergeschoben. Glückwunsch!

SIE HABEN NUN AUCH EIN PAAR WEICHEN für Ihren Ruhestand gestellt und bereiten sich so hervorragend vor. Dank Ihres Pantoffel-Portfolios haben Sie ein schönes Sümmchen angespart, mit dem Sie Ihre Rente aufbessern können. Damit das Geld sicher so lange reicht, wie Sie es brauchen, können Sie mit dem kostenlosen ETF-Entnahmeplan-Rechner auf test.de entsprechende Berechnungen anstellen: test.de/entnahmeplan

Er funktioniert ganz einfach: Rechnen Sie aus, wie hoch die Entnahme über eine bestimmte Laufzeit bei einer festgelegten Verzinsung sein kann. Alternativ zeigt der Rechner, welches Anfangsvermögen für eine bestimmte Rente nötig ist oder über welche Laufzeit eine bestimmte Rente reicht. Ein paar Beispiele, wie Sie den Rechner nutzen können:

Sie haben ein Vermögen von 80 000 Euro und gehen von einer Verzinsung von 4 Prozent pro Jahr über eine Auszahlungsdauer von 20 Jahren aus. Der Rechner sagt Ihnen, wie hoch die monatliche Rente sein darf: 482 Euro.

Oder andersherum: Sie fragen sich, wie lange Sie sich eine Rente von 600 Euro monatlich auszahlen können, wenn Sie 120 000 Euro zu 3 Prozent Zinsen pro Jahr anlegen? Laut Rechner sind das 276 Monate, also 23 Jahre.

Oder: Wie viel Vermögen müssen Sie haben, um bei einem Zinssatz von 5 Prozent 30 Jahre lang 500 Euro monatlich entnehmen zu können? Antwort: 94 330 Euro.

Wenn Sie noch etwas an Ihre Kinder oder Enkel vererben wollen, können Sie angeben, dass am Ende der Laufzeit ein bestimmter Betrag übrig sein soll. Wenn Sie von Ihrem Kapital nichts aufbrauchen wollen, also den sogenannten Kapitalverzehr vermeiden wollen, setzen Sie das Endvermögen auf die gleiche Höhe wie das Anfangsvermögen. Auch wenn Sie irgendwann einmal eine größere Summe erben oder etwa bei einer Scheidung eine größere Summe aus dem Zugewinnausgleich erhalten, müssen Sie sich Gedanken machen, wie Sie das Geld am sinnvollsten anlegen wollen. Vielleicht ist es mit einem durchdachten Auszahlungsmodus geeignet, Ihr aktuelles Einkommen aufzustocken oder Ihre Rente aufzubessern und gleichzeitig noch Zinsen zu kassieren. Viele Menschen finden solche Entscheidungen trotz oder gerade wegen des unerwarteten Geldsegens gar nicht so einfach. Eine simple und relativ leicht zu handhabende Alternative zu Aktienfonds sind Bankauszahlpläne. Denn nichts ist gewonnen, wenn Sie das Geld einfach nur auf dem Girokonto herumliegen lassen.

Wie genau funktioniert ein Bankauszahlplan? Im Grunde ganz einfach: Sie zahlen eine größere Summe bei einer Bank oder Bausparkasse ein. Das Geld wird dort für eine feste Laufzeit angelegt und so gebunden. Dafür bekommen Sie Zinsen und die Bank überweist Ihnen für einen festgelegten Zeitraum (von 2 bis maximal 30 Jahre) jeden Monat einen gleichbleibenden Betrag. Und das so lange, bis das Kapital aufgebraucht ist. Sollten Sie die Dauer nicht erleben, steht das restliche Guthaben Ihren Hinterbliebenen zur Verfügung. Ein steuerlicher Vorteil ist zudem, dass die Zinsen nicht auf einen Schlag ausgezahlt werden, sondern jährlich gutgeschrieben. Dadurch können Sie Ihren Sparerpauschbetrag gut nutzen. Expertinnen raten, beim gegenwärtigen Zinsniveau nicht einen einzigen starren Auszahlungsplan zu wählen, sondern mehrere Pläne über verschiedene Laufzeiten abzuschließen. Dadurch bleiben Sie flexibler und können auf Zinsveränderungen besser reagieren. Prüfen Sie die Angebote unterschiedlicher Banken gut, denn die Zinshöhe ist je nach Institut unterschiedlich. Und natürlich wollen Sie so viel wie möglich für Ihr eingesetztes Kapital bekommen. Denn je höher Ihre Erträge sind, desto mehr können Sie entnehmen und desto länger reicht Ihr Geld. Sie können auch das Kapital aufteilen, nur einen Teil des Geldes in einen Auszahlplan stecken und den anderen Teil in Festgeld mit unterschiedlichen Laufzeiten, einer Festgeldtreppe (siehe „Das Festgeldkonto", S. 87), anlegen. Manche Expertinnen empfehlen zum Beispiel, das Kapital je zur Hälfte oder zu einem Drittel so zu verteilen.

Die wichtigste Frage in diesem Fall lautet: Wie viele Jahre möchten Sie dieses Zusatzeinkommen erhalten? Bis zum nächsten Karriereschritt? Oder bis zum Rentenbeginn? Wie viel zusätzliches Geld Ihnen zur Verfügung steht, können Sie selbst ausrechnen: Teilen Sie den Anlagebetrag durch die Zahl der gewünschten Auszahlungsmonate. So bekommen Sie

Quelle: test.de, eigene Berechnungen

So lange zehren Sie von 100 000 Euro Vermögen

Welchen Betrag Sie sich monatlich selbst auszahlen können, bis ein Vermögen von 100 000 Euro aufgebraucht ist, hängt davon ab, wie hoch die jährliche Verzinsung ausfällt und über welchen Zeitraum Sie die Auszahlungen strecken.

Zeitraum (Jahre)	Monatliche Entnahme (in Euro) bei einem jährlichen Entnahmeplanzins von... Prozent von ... (% p.a.)				
	0	1	2	3	5
5	1670	1710	1750	1800	1874
10	830	880	920	960	1051
15	560	600	640	690	782
20	420	460	510	550	651
25	330	380	420	470	576
30	280	320	370	420	528

260 €

monatlich in einen Sparplan investiert reichten, um im Zeitraum von 2000 bis 2020, also nach 20 Jahren auf 100 000 Euro zu kommen.

60 000 €

waren im Jahr 2000 notwendig, um als Einmalanlage investiert bis 2020 auf das Sparziel von 100 000 Euro zu kommen.

» **Je höher die Inflation, desto mehr muss man sparen, um seine Kaufkraft zu erhalten.** «

ein Gefühl dafür, wie hoch Ihr Zusatzeinkommen sein kann. Haben Sie etwa 100 000 Euro geerbt oder aus einer Lebensversicherung erhalten und teilen diesen Betrag durch 120 Monate, also zehn Jahre, ergibt das 833 Euro. So viel können Sie jeden Monat entnehmen, bis das Kapital nach zehn Jahren aufgebraucht ist. Werden die 100 000 Euro zu drei Prozent verzinst, sind es sogar 964 Euro.

Ziele verwirklichen

Sie wissen nun, was Sie wann mit Ihrem angesparten Geld tun möchten. Sie haben eine Vorstellung davon, was davon Sie für sich brauchen und was Sie anderen Gutes damit tun wollen. Genießen Sie es!

Sie haben anfangs Ihre Ziele definiert und sich hoffentlich mit ein bisschen Spaß darum gekümmert. Nun ist die Zeit der Ernte. Sie haben die Immobilie gekauft, von der Sie immer geträumt haben. Oder zumindest eine Vorstellung davon, ob Sie ein Haus oder eine Wohnung selbst besitzen möchten oder nicht. Vielleicht wohnen Sie auch zur Miete und haben das Geld, das Sie für einen Kredit gebraucht hätten, gewinnbringend angelegt. Jetzt ist es so weit, Sie können das Leben führen, das Sie sich erträumt haben. Sie können reisen, Ihren Hobbys nachgehen und andere verwöhnen, wenn Ihnen danach ist.

Abhängig von der Summe, die Ihnen zur Verfügung steht, von Ihrem Anlagehorizont und Ihrer Lebenssituation können Sie nun einen individuellen Plan erstellen, was Sie mit Ihrem angesparten Geld machen. Wollen Sie Ihr Leben genießen und müssen oder wollen nichts für kommende Generationen erhalten? Dann haben Sie einen größeren Spielraum. Aber auch, wenn am Ende etwas übrig bleiben soll, können Sie mit dem hinzugewonnenen Geld beruhigt schlafen. Kleine Wiederholung: Es ist nichts Verwerfliches daran, Geld für sich arbeiten zu lassen. Vielleicht hat sich Ihre Einstellung zu Geld und Vermögen im Laufe der Lektüre verändert und Sie konnten ein paar Glaubenssätze über Bord werfen. Gut so!

Sie befinden sich noch in einer anderen Lebensphase? Sie bauen sich gerade Ihr eigenes Leben auf und arbeiten dafür hart? Behalten Sie Ihre finanziellen Ziele im Auge, seien Sie flexibel genug, davon abzuweichen, wenn etwas Unerwartetes geschieht, und bleiben Sie gleichzeitig konsequent. Denn Sie wissen ja: Ausdauer wird bei der Geldanlage belohnt.

Vielleicht überlegen Sie auch, wie Ihre Karriere weitergehen soll, und haben die entsprechenden Schritte dafür schon in die Wege geleitet. Sie bilden sich regelmäßig weiter, haben mit Ihrem Arbeitgeber verhandelt, dass er vermögenswirksame Leistungen für Sie bereitstellt, und diese klug investiert. Das ist der Teil Ihres Vermögens, den Sie für Ihre Wünsche und Träume einsetzen können. Sie wollen ein Sabbatical machen oder brauchen aus anderen Gründen eine Auszeit? Mit einem finanziellen Puffer ist das einfacher geworden.

Schauen Sie sich noch mal die Ausgangsfragen an (siehe S. 16), die Sie zu Ihren Zielen geleitet haben: Sind diese noch aktuell? Oder wollen Sie etwas verändern? Nur zu! Es ist Ihr Leben und Sie haben es in der Hand. Immer mit dem guten Gefühl, es selbst zu gestalten und die Voraussetzungen dafür zu schaffen, das tun zu können, was Sie möchten. Geld löst sicher nicht die großen Sinnfragen, die Sie sich vielleicht ab und zu stellen. Aber es erleichtert Ihnen, diese immer wieder – Ihrer Lebenssituation angemessen – neu zu beantworten.

Sie haben nun einige Voraussetzungen geschaffen, um Ihr Geld selbstbestimmt zu verwalten und zu vermehren. Sie verschaffen sich so einen guten Überblick über Ihre Ausgaben und haben dafür vielleicht eine Haushaltsbuch-App heruntergeladen. Sie haben ein Depot eingerichtet und machen Ihre ersten Gehversuche an der Börse. Ein Teil Ihres Geldes ist gut verzinst und sicher angelegt.

IN DER RUHE LIEGT DIE KRAFT! Wenn Sie Ihr Depot bei einem der praktischen Onlinebroker führen, kennen Sie das Gefühl, der Entwicklung Ihres Geldes live zuzusehen. Und Sie kennen die zarte Versuchung, mit ein paar Klicks Ihr Depot umzumodeln, eine Aktie dazuzukaufen, weil sie gerade angesagt ist, einen neuen ETF hinzuzunehmen, weil der gerade so gut läuft. Das Schwierigste ist, jetzt entspannt zu bleiben.

Wenn Sie sich an die Empfehlungen aus diesem Ratgeber gehalten haben, haben Sie alles richtig gemacht. Sie haben sich einen Erste-Wahl-ETF aus einer unserer Listen gefischt und erworben. Sie haben ein Ta-

Vertrag mit mir selbst,
um ins Tun zu kommen

Ich, ______________________ (Name),

werde bis zum __________ (Datum) meine Ausgaben und Einnahmen überprüfen und mir einen Überblick über meine finanzielle Situation verschaffen.

Bis zum __________ (Datum) bin ich mir über meine konkreten Sparziele im Klaren. Diese sind:

1.
2.
3.
4.

Bis zum __________ (Datum)
informiere ich mich umfassend über verschiedene Anlageformen.

Bis zum __________ (Datum)
checke ich meine aktuellen Investments und Versicherungen.

Bis zum __________ (Datum)
suche ich mir eine Finanz-Tandem-Partnerin, mit der ich mich regelmäßig über Geld austausche.

Bis zum __________ (Datum)
habe ich mich für mein Pantoffel-Portfolio entschieden und es entsprechend eingerichtet.

Ort, Datum	Unterschrift

gesgeldkonto mit guten Konditionen eingerichtet und Sie achten darauf, dass die Gewichtung Ihres Pantoffels noch stimmt. Mehr müssen Sie nicht tun. Das kennen wir alle von Neujahrsvorsätzen: Oft sind sie schon nach ein paar Tagen Geschichte. Mit Ihrer Geldanlage ist es weitaus leichter als mit dem Vorsatz, in ein paar Wochen ein paar Kilo abzunehmen. Wenn Sie sich einmal entschieden haben, müssen Sie sich nicht mehr viel kümmern.

Bei Ihren persönlichen Zielen sieht es ein wenig anders aus: Haben Sie sich für eine bestimmte Karriere entschieden, können Sie in Ihr Vorankommen investieren und möglicherweise über einen Job- und einen Ortswechsel nachdenken. Wenn Sie ein klares Ziel vor Augen haben, wissen Sie, dass es sich lohnt. Überprüfen Sie immer wieder, ob Sie noch immer das Gleiche wollen wie zu der Zeit, als Sie Ihr Ziel definiert haben. Wenn nicht: Passen Sie es an. Wir sind nie auf einen einzigen Weg festgelegt. Mit unserer flexiblen Geldanlagestrategie haben Sie die Möglichkeit, immer mal wieder vom Weg abzuweichen, wenn es die Situation erfordert.

Um Sie bei Ihren ersten Schritten auf dem Weg zu finanzieller Unabhängigkeit und größerer Sicherheit zu unterstützen, schauen wir hier noch einmal, warum ein konkretes Ziel so wichtig ist für Ihren finanziellen Erfolg. Ohne ein Ziel ist es schwierig, einen klaren Weg zu finden und konsequent zu beschreiten. Poetisch beschrieb der Dichter Gotthold Ephraim Lessing die Bedeutung von Zielsetzungen: „Der Langsamste, der sein Ziel nicht aus den Augen verliert, geht noch geschwinder, als jener, der ohne Ziel umherirrt."

Noch mal ein paar Schritte zurück: Das Wort Ziel stammt vom dem althochdeutschen Wort „zilen" und bedeutet „sich bemühen". Wer ein Ziel hat, kann sich die konkrete Lösung vorstellen. Je klarer Ihr Ziel ist, desto besser können Sie planen. Haben Sie eine gute Vorstellung von dem, was Sie erreichen möchten, haben Sie einen Beweggrund, dies auch zu schaffen. Gleichzeitig erhöht ein Ziel Ihre Motivation, durchzuhalten. Außerdem ist es ein sogenannter Wahrnehmungsfilter: Es fokussiert Ihre Aufmerksamkeit. Ihr Unterbewusstsein filtert alles heraus, was mit dem Erreichen des Ziels zu tun hat. Konkret heißt das für Ihre Finanzplanung: Sie beschäftigen sich mit dem Thema, verfolgen wirtschaftliche Entwicklungen, checken freudig Ihre Investments. So können Sie Chancen besser wahrnehmen, wenn sie sich Ihnen bieten. Vor allem die Chancen, die Sie Ihrem Ziel näherbringen. Und: Ein klares Ziel fungiert als Glücksbote. Stellen Sie sich vor, wie es sein wird, wenn Sie angekommen sind. Spüren Sie das Glücksgefühl. Allein dafür lohnt sich der Aufwand.

?!

Service

Welt-ETF

Als Basisinvestment eignen sich am besten 1.-Wahl-ETF aus der Fondsgruppe Aktien Welt, zum Beispiel auf den MSCI World Index. In unserem Fondsfinder unter test.de/fonds können Sie nach weiteren Indexnamen von marktbreiten ETF suchen: >Weitere Filter >ETF: Wichtigste Indizes. Der Fondsfinder wird regelmäßig aktualisiert. Hier finder Sie 36 Welt-ETF mit Angaben zu Kosten und Rendite mit dem Stand vom 30. Juni 2025.

ETF						Rendite über ... Jahre (% p.a.)		
Anbieter	Nachgebildeter Index	Isin	Währung		Kosten (% p.a.)	10	5	1
Invesco	FTSE All-World	IE0000QLH0G6	USD	A	0,15			6
Invesco	FTSE All-World	IE000716YHJ7	USD	T	0,15			6,1
Vanguard	FTSE All-World	IE00B3RBWM25	USD	A	0,22	9,4	12,6	6,3
Vanguard	FTSE All-World	IE00BK5BQT80	USD	T	0,22		12,6	6,3
Franklin	FTSE Developed	IE000CVOSY02	USD	T	0,09			6,4
Vanguard	FTSE Developed	IE00BKX55T58	USD	A	0,12	10,1	13,5	6,4
Vanguard	FTSE Developed	IE00BK5BQV03	USD	T	0,12		13,5	6,4
SPDR	MSCI ACWI Investable Market (IMI)	IE000DD75KQ5	USD	A	0,17			
SPDR	MSCI ACWI Investable Market (IMI)	IE00B3YLTY66	USD	T	0,17	9,1	12,3	5,3
Xtrackers	MSCI All Country World (ACWI)	LU2903252349	USD	T	0			

ETF						Rendite über ... Jahre (% p.a.)		
Anbieter	Nachgebildeter Index	Isin	Währung		Kosten (% p.a.)	10	5	1
SPDR	MSCI All Country World (ACWI)	IE00B44Z5B48	USD	T	0,12	9,5	12,6	6,3
iShares	MSCI All Country World (ACWI)	IE00B6R52259	USD	T	0,2	9,4	12,7	6,1
Amundi	MSCI All Country World (ACWI)	LU1829220216	EUR	T	0,45	9,2	12,5	5,9
UBS	MSCI World	IE00BD4TXV59	USD	T	0,1		13,5	6,3
UBS	MSCI World	IE00B7KQ7B66	USD	A	0,1	10,2	13,5	6,3
Amundi	MSCI World	IE000CNSFAR2	USD	A	0,12			5,9
Amundi	MSCI World	IE000BI8OT95	USD	T	0,12			5,9
SPDR	MSCI World	IE00BFY0GT14	USD	T	0,12		13,7	6,3
Xtrackers	MSCI World	IE00BK1PV551	USD	A	0,12	10,2	13,6	6,3
Xtrackers	MSCI World	IE00BJ0KDQ92	USD	T	0,12	10,2	13,6	6,2
HSBC	MSCI World	IE00B4X9L533	USD	A	0,15	10,3	13,7	6,2
HSBC	MSCI World	IE000UQND7H4	USD	T	0,15			6,2
Invesco	MSCI World	IE00B60SX394	USD	T	0,19	10,2	13,6	6,3

ETF						Rendite über … Jahre (% p.a.)		
Anbieter	Nachgebildeter Index	Isin	Währung		Kosten (% p.a.)	10	5	1
Amundi	MSCI World	LU2572257124	USD	A	0,2			6,3
iShares	MSCI World	IE00B4L5Y983	USD	T	0,2	10,2	13,6	6,2
Xtrackers	MSCI World	LU2263803533	USD	A	0,24			6,4
Amundi	MSCI World	FR0010315770	EUR	A	0,3	10,2	13,6	6,2
Deka	MSCI World	DE000ETFL508	EUR	A	0,3		13,3	5,9
UBS	MSCI World	LU0340285161	USD	A	0,3	9,9	13,3	6
Amundi	MSCI World	LU1681043599	EUR	T	0,38	10	13,4	5,9
Xtrackers	MSCI World	LU0274208692	USD	T	0,5	10,2	13,5	6,1
iShares	MSCI World	IE00B0M62Q58	USD	A	0,5	9,9	13,3	5,9
Amundi	Solactive GBS Developed Markets Large & Mid Cap	IE0009DRDY20	USD	T	0,05			
Amundi	Solactive GBS Developed Markets Large & Mid Cap	IE000QIF5N15	USD	A	0,05			
Amundi	Solactive GBS Global Markets Large & Mid	IE0003XJA0J9	USD	T	0,07			5,7
Amundi	Solactive GBS Global Markets Large & Mid	IE0009HF1MK9	USD	A	0,07			5,7

ETF-Auswahl. T = Thesaurierend. A = Ausschüttend. Stand: 30.06.2025. Quelle: FWW, LSEG, eigene Erhebungen und Berechnungen.

Nachhaltige Welt-ETF

Seit einigen Jahren gibt es eine große Auswahl an nachhaltigen ETF. Anders als herkömmliche ETF schließen sie umstrittene Branchen wie Rüstungskonzerne oder Förderer fossiler Brennstoffe aus. Auch Kinderarbeit ist in der Regel tabu. Die besten nachhaltigen Aktien-Index-ETF haben in der Nachhaltigkeitsbewertung drei von fünf Punkten. Hier eine Auswahl nachhaltiger 1.-Wahl-ETF mit dem Stand 30. Juni 2025.

ETF							Rendite über … Jahre (% p.a.)	
Anbieter	Nachgebildeter Index	Isin	Währung		Kosten (% p.a.)	Nachhaltigkeit	5	1
UBS	MSCI ACWI SRI Low Carbon Select 5% Issuer Capped	IE00BDR55471	USD	T	0,3	●●●○○	12,1	3,2
UBS	MSCI World SRI Low Carbon Select 5% Issuer Capped	IE00BK72HJ67	USD	T	0,2	●●●○○	12,1	2,5
iShares	MSCI World SRI Select Reduced Fossil Fuels	IE00BYX2JD69	EUR	T	0,2	●●●○○	11,8	3,3
BNP Easy	MSCI World SRI S-Series PAB 5% Capped	LU1291108642	USD	T	0,26	●●●○○	10,7	4
iShares	MSCI ACWI SRI Select Reduced Fossil Fuel	IE000JTPK610	USD	T	0,2	●●●○○		4,3
Amundi	MSCI ACWI SRI Filtered PAB	IE0000ZVYDH0	USD	T	0,2	●●●○○		3,7
Amundi	MSCI World SRI Filtered PAB	IE000Y77LGG9	EUR	T	0,18	●●●○○		2,1

ETF-Auswahl. Reihenfolge nach Anlageerfolg, Rendite und Kosten. T = Thesaurierend. A = Ausschüttend.
Stand: 30.06.2025. Quelle: FWW, LSEG, eigene Erhebungen und Berechnungen.

Euro-Staatsanleihen

Anleihen sind eine Alternative zu den Sparanlagen der Banken. Euro-Staatsanleihen werden von Ländern innerhalb der Eurozone herausgegeben, also von den Staaten, in denen die Währung Euro offizielles Zahlungsmittel ist. Die folgenden 11 Euro-Staatsanleihen wurden von uns zum 30. Juni 2025 mit „1. Wahl" bewertet.

Anbieter	Nachgebildeter Index	Isin	Währung		Kosten	Rendite über … Jahre (% p.a.) 10	5	1
SPDR	Bloomberg Euro Treasury	IE00B3S5XW04	EUR	A	0,07	0,3	-2,4	4,5
Vanguard	Bloomberg Euro Treasury	IE00BH04GL39	EUR	T	0,07		-2,3	4,4
Vanguard	Bloomberg Euro Treasury	IE00BZ163H91	EUR	A	0,07		-2,4	3,9
iShares	Bloomberg Euro Treasury	IE00B4WXJJ64	EUR	A	0,07	0,3	-2,4	4,4
Amundi	Bloomberg Euro Treasury 50bn	LU1737653714	EUR	A	0,09		-2,3	4,4
Amundi	Bloomberg Euro Treasury 50bn	LU1437018598	EUR	T	0,09		-2,3	4,4
JPM	JPM EMU Government Bond	IE00BJK9HD13	EUR	T	0,1		-2,4	4,4
Xtrackers	Markit iBoxx EUR Sovereigns Eurozone	LU0290355717	EUR	T	0,07	0,3	-2,4	4,5
Xtrackers	Markit iBoxx EUR Sovereigns Eurozone	LU0643975591	EUR	A	0,11	0,3	-2,4	4,5
Amundi	Solactive Eurozone Government Bond	LU1931975152	EUR	A	0,05		-2,3	4,4
Amundi	Solactive Eurozone Government Bond	LU2089238898	EUR	T	0,05		-2,3	4,4

ETF-Auswahl. T = Thesaurierend. A = Ausschüttend. Stand: 30.06.2025. Quelle: FWW, LSEG, eigene Erhebungen und Berechnungen.

Stichwortverzeichnis

Britta Sembach veröffentlicht seit 2014 Bücher über Care-Arbeit, Familienpolitik und die Lebenswirklichkeit von Frauen. Als Reporterin, Redakteurin und Kolumnistin arbeitet sie bei mehreren namhaften Medien, darunter die Nachrichtenagentur Reuters und der WDR.

Ulrike Sosalla bringt als stellvertretende Chefredakteurin von Stiftung Warentest Finanzen komplexe Wirtschafts- und Finanzthemen auf unterhaltsame Weise auf den Punkt. Dabei erklärt sie mit viel Leidenschaft alles rund um Geld, Versicherungen und Verbraucherrechte. Zuvor machte sie unter anderem Station beim „Handelsblatt" und bei der „Financial Times Deutschland" und arbeitete als Korrespondentin in New York und Berlin.

Die Stiftung Warentest wurde 1964 auf Beschluss des Deutschen Bundestages gegründet, um Verbraucherinnen und Verbrauchern durch vergleichende Tests von Waren und Dienstleistungen eine unabhängige und objektive Unterstützung zu bieten. Mehr zu unserem Qualitätsanspruch und viele weitere Bücher finden Sie unter www.test.de.

Gedruckt in Deutschland · Mineralölfreie Druckfarben

ISBN: 978-3-7471-0934-2

Stiftung Warentest
Lützowplatz 11–13, 10785 Berlin
www.test.de
email@stiftung-warentest.de
USt-IdNr.: DE136725570

Vorständin: Julia Bönisch

Programmleitung: Niclas Dewitz
Autorinnen: Britta Sembach, Ulrike Sosalla
Projektleitung: Alexandra Germann
Lektorat: Cordula Natusch, Wolfenbüttel
Korrektorat: Christoph Nettersheim
Grafik, Satz: Christian Königsmann
Abbildungen: AdobeStock: 2,67
Umschlag: Foto © Stiftung Warentest/ Max Lautenschläger
Verlagsherstellung: Rita Brosius (Ltg.), Romy Alig, Susanne Beeh
Druck: MEO MEDIA, eine Marke der Meinders & Elstermann GmbH & Co. KG, Belm

Bei Fragen zur Sicherheit dieses Produkts wenden Sie sich bitte an:
gpsr@stiftung-warentest.de

Stiftung Warentest